D1732353

Von der Wachheit des Wartens

PETER WILD

Von der Wachheit des Wartens

Robert Lax spirituell gelesen

g MATTHIAS-GRÜNEWALD-VERLAG

Für die Schwabenverlag AG ist Nachhaltigkeit ein wichtiger Maßstab ihres Handelns. Wir achten daher auf den Einsatz umweltschonender Ressourcen und Materialien.
Dieses Buch wurde auf FSC-zertifiziertem Papier gedruckt. FSC (Forest Stewardship Council) ist eine nicht staatliche, gemeinnützige Organisation, die sich für eine ökologische und sozial verantwortliche Nutzung der Wälder unserer Erde einsetzt.

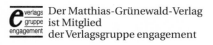 Der Matthias-Grünewald-Verlag
ist Mitglied
der Verlagsgruppe engagement

Umschlaggestaltung: Finken & Bumiller, Stuttgart
Umschlagabbildung: john krempl / photocase.com
Gesamtherstellung: Matthias-Grünewald-Verlag, Ostfildern
Hergestellt in Deutschland

ISBN 978-3-7867-2800-9

Inhalt

Einführung – Gute Gründe

Es gibt gute Gründe, auf Robert Lax aufmerksam zu machen. Ein äußerer Grund drängt sich auf: Am 26. September 2010 jährt sich zum zehnten Mal sein Todestag.

Es gibt aber auch innere Gründe. Robert Lax zählt seit dem 1959 veröffentlichten Gedichtband *Circus of the Sun* zu den großen amerikanischen Lyrikern. Konsequent ist er seinen eigenen künstlerischen Weg gegangen, einen Weg, der ihn zum literarischen Außenseiter gemacht hat. – Auch biografisch hat er sich ins Abseits gestellt: Seit 1964 wohnt er auf griechischen Inseln, hauptsächlich auf Kalymnos und Patmos. – Seine Veröffentlichungen in Zeitschriften und kunstvoll gestalteten, kleinen Publikationen erfolgen zwar regelmäßig, doch er wird erst in seinen letzten zehn Lebensjahren als Dichter wirklich wahrgenommen.

Sein Rückzug auf diese griechischen Inseln, sein Wunsch, den Alltag der Fischer und Schwammtaucher zu teilen, ist ein weiterer innerer Grund, wie heute immer deutlicher wird. Robert Lax ist vom Wunsch beseelt, möglichst einfach zu leben. Er versucht seinen Lebensstil, aber auch sein Denken und Schreiben zu vereinfachen. Die Reduktion, die er sich und seinem Schreiben zumutet – seit Mitte der 1960er-Jahre ordnet er seine Gedichte in senkrechten Zeilen an, er beschreibt sie als »Silbenketten«, die durch ihren Rhythmus und ihren Klang geprägt sind –, hat ihren Ursprung im spirituellen Bemühen, sich ganz dem Wesentlichen zu widmen. Ohne dass er es gesucht hätte, ist Robert Lax dank seiner konsequenten Haltung, einfach zu leben und zu schreiben, im Laufe der Jahre für viele zum spirituellen Lehrer geworden. Viele Menschen haben ihm geschrieben, haben ihn aufgesucht und seine Gedichte wie Lebensimpulse weitergeschenkt.

In diesem Band stelle ich Gedichte vor, die diese Entwicklung von Robert Lax im Laufe der Jahre deutlich machen. Es geht also sowohl um den Lyriker Robert Lax als auch um den spirituellen Lehrer. So skizziert ein erster Teil die biografischen Stationen und die verschiedenen Ansätze seines Schreibens, ein dritter Teil die wichtigsten spirituellen Themen, die in den Gedichten zum Ausdruck kommen. Diese Gedichte, auf Englisch und in einer deutschen Übertragung, bilden den mittleren Teil des Buches.

Robert Lax ist im deutschen Sprachraum kein Unbekannter. Die zweisprachige Veröffentlichung von einzelnen Tagebüchern durch den Pendo-Verlag, Zürich – sie setzt 1986 ein, ihr vorangegangen sind die Publikationen einzelner lyrischer Texte *(Wasser, Circus, Episodes, Fables)* sowie des für das eigene Lebensverständnis zentralen Werks *21 pages* – haben Robert Lax bekannt gemacht. Hinzuweisen ist aber ebenso auf das Bemühen von Hartmut Geerken, Robert Lax immer wieder zu Veranstaltungen der Konkreten Poesie (etwa zum Bielefelder Colloquium) einzuladen, auf die Rundfunksendungen und Publikationen von Sigrid Hauff – sie hat 2008 den Lax-Band *Poesie der Entschleunigung* herausgegeben –, schließlich auf die Fotos, Filme und Videoinstallationen von Nicolas Humbert und Werner Penzel. Sie alle haben dazu beigetragen, dass Robert Lax in den deutschsprachigen Ländern fast so bekannt ist wie in seiner Heimat. Auf den spirituellen Horizont von Robert Lax hat 2006 die kleine Herder-Publikation *Mit Robert Lax die Träume fangen* aufmerksam gemacht, eine Bearbeitung des vier Jahre zuvor erschienen Werks von Steve Theodore Georgiou: *The Way of the Dreamcatcher. Spirit Lessons with Robert Lax: Poet, Peacemaker, Sage.*

Ich beschäftige mich seit mehreren Jahren mit Robert Lax. Diese Beschäftigung erhielt einen mir bis dahin unbekannten Grad an Intensität, als ich mich auf den Briefwechsel von Robert Lax und Thomas Merton einließ. Seitdem bringe ich den Grundklang dieser Briefe nicht mehr weg: ein umfassendes Vertrauen, offen für die Überraschungen des eigenen Weges und des Weges des andern, ein überfeines Gehör für die Geschehnisse, die sich ankündigen, ein unbändiges Lachen über die erfreulichen und absurden Situationen auf dem Weg und ein so starkes Einverständnis mit Gott, dass es nicht mehr Thema sein muss. Ich hoffe, dass etwas von diesem Grundklang auch in den ausgewählten Gedichten und in meiner Hinführung zu diesen Gedichten mitschwingt.

Wangen an der Aare, Mai 2010

Peter Wild

Zeiten der Entfaltung –
Biografische Stationen

Leben ist lernen,
wie du deine eigene Güte fließen lassen kannst.
Leben ist das Betreten des Herzens,
so dass es zur Quelle deines Seins wird.[1]

ROBERT LAX

Jüdische Herkunft

Arthur W. Biddle, der Herausgeber des Briefwechsels von Robert
Lax und Thomas Merton, bezeichnet Robert Lax als einen Menschen mit einer tausendjährigen Seele. Mit dieser Formulierung
greift er eine Tagebuchnotiz von Etty Hillesum auf, die mit diesen
Worten betonen wollte, dass nicht die Länge eines menschlichen
Lebens ausschlaggebend ist, sondern die seelische Disposition,
die Reife, mit der ein Leben gelebt wird. Arthur W. Biddle hebt
damit hervor, dass er in Robert Lax einem Menschen begegnet
ist, der durch seine Wachheit und Präsenz, durch den Reichtum
und die Vielgestaltigkeit seiner Erfahrungen über mehrere Leben
zu verfügen schien. In diesem Ausdruck liegt zugleich der Hinweis darauf, dass es schwierig ist, im Leben von Lax je neue Er-
fahrungsschritte oder Phasen einer Entwicklung auszumachen.
Von Anfang an, so scheint es, ist schon alles vorhanden; es geht
nur darum, dieses »alles« zu entfalten oder, wie Lax es wohl aus-
drücken würde, in Geduld auf den richtigen Zeitpunkt zu warten, an dem es sich entfalten kann.

Robert Lax wurde am 30. November 1915 in Olean geboren, in einer Stadt im Bundesstaat New York. Seine Familie war jüdisch, kam aus Europa und gehörte der sephardischen Tradition an. Das sephardische Judentum hat seine Wurzeln im mittelalterlichen Spanien. Im zehnten bis 13. Jahrhundert kam es in Spanien zu einer großen kulturellen Blütezeit, in der Juden, Moslems und Christen zusammen lebten und zusammen wirkten, sowohl unter islamischer wie auch unter christlicher Führung. Durch die Erstarkung der Reconquista, die Ausbreitung der katholischen Königreiche, wurden im 15. Jahrhundert die Moslems und die Juden jedoch aus Spanien vertrieben oder zwangsweise getauft. Die Juden flohen nach Frankreich und Italien, zum großen Teil aber nach Nordafrika, von wo aus sie sich in den Ländern des Osmanischen Reiches ausbreiteten.

In der Familie von Robert Lax spielte nicht nur diese sephardische Tradition eine Rolle, sondern auch ein liberales Judentum, wie es etwa der Rabbiner Stephen Samuel Wise vertrat. Das heißt: Die Familie lebte durchaus jüdisch, war aber zugleich religiös und gesellschaftlich sehr offen. Der Kontakt zu Menschen mit einer anderen Religiosität war selbstverständlich. In dieser Mischung von tradierter religiöser Praxis und Offenheit wuchs Lax auf, und sie begleitete ihn ein Leben lang: Er versuchte den Weg zu gehen, den er als seinen Weg wahrnahm, respektierte zugleich die überlieferten Erfahrungsströme und war an den Erfahrungen eines jeden Einzelnen interessiert. – So wie er sich nie berufen wusste, die spirituelle Fußspur eines anderen möglichst genau aufzunehmen, wollte er anderen auch nie seinen eigenen Weg aufdrängen.

1943, im Alter von 28 Jahren, konvertierte Robert Lax zur katholischen Kirche. Die jüdische Prägung blieb aber für ihn zentral. In den Jahren vor der Konversion beschäftigte er sich ausgiebig mit den Lehren des Judentums und der Kabbala. Er besuchte Seminare im Jüdischen Theologischen Seminar (New York) und verbrachte dort oft den Sabbat. Im Rahmen seiner kabbalistischen Studien begegnete er Abraham Abulafia, dem wohl wichtigsten Lehrer der Kabbala im 13. Jahrhundert. Dessen Vorschläge zur Meditation der hebräischen Buchstaben und einzelner Wörter, z. B. der Gottesnamen, müssen in Lax weitergewirkt haben; die Reduktion der Sprache und der serielle Gebrauch einzelner Wendungen in seinen späten Gedichten erinnern an die Vorschläge von Abraham Abulafia.

Kabbalistische Vorstellungen der Schöpfung tauchen in den Texten von Robert Lax immer wieder auf.

> Erleuchtung ist nicht, dass du andere Menschen beeindruckst oder Macht ausübst oder gut abgeschirmt isolierte Freuden genießt. Zuerst siehst du, wo du in der Welt stehst, wo andere stehen, und dann fängst du an, auf das aufzupassen, was dir vor die Hände kommt, auf möglichst viel. Es ist gut, die verstreuten Dinge der Welt zu sammeln und in eine Art glückliche liebende Verbindung zu bringen. Wenn du das tust, bist du auf dem Weg zur Erleuchtung.[2]

In diesen Sätzen klingen die Vorstellungen Isaak Lurias – ein jüdischer Kabbalist aus dem 16. Jahrhundert – von *Zimzum* und *Tikkun* mit, in wenigen Worten angedeutet: Gott schafft die Welt dadurch, dass er ihr Platz macht, d. h. sich zurückzieht. Dem ersten Geschöpf, dem ewigen Adam, schenkt er sein Licht. Dieses göttliche Licht überfordert aber das Geschöpf, sodass es in unzählige Teile zerbricht. Das Licht fließt in seine göttliche

Quelle zurück, haftet aber auch an den unzähligen Scherben und Bruchstücken des *Adam Kadmon*, des ursprünglichen Menschen. Die verstreuten Scherben und Bruchstücke machen die Welt aus. Dass der Mensch, als Bruchstück selbst vom Licht betroffen, die Lichtteile der Welt wahrnimmt und zusammensucht, ihr Gefüge erahnt und sie in einanderfügt, gehört zu seinen entscheidenden schöpferischen und erlösenden Tätigkeiten. – Auch wenn bei Robert Lax immer wieder die Passivität und die Kontemplation im Vordergrund stehen, diese aktive Seite der kabbalistischen Spiritualität hat ihn nie ganz losgelassen. Auch seine journalistische Tätigkeit und seine Freude, anderen zu begegnen, wurzeln in dieser schöpferischen Vision des *Tikkun*.

Nicht nur die jüdische Tradition lernte Robert Lax im Rahmen seiner Familie kennen, sondern auch die franziskanische Spiritualität. Er betont immer wieder, wie einflussreich die Nachbarschaft der St. Bonaventure University in Olean, der Kontakt mit einzelnen Franziskanerpatres dieser Universität, für seine Familie und damit auch für ihn war. Durch diese Patres wurden die Einfachheit in der Lebensführung und der Respekt vor allen Menschen, auch den einfachsten, und vor allen Geschöpfen zu Lebensmodellen.

Für die Armen da zu sein, das Leben der Armen zu teilen: Dieses Lebensmodell stand über Jahre in Konkurrenz zum Lebensmodell des Dichters. Robert Lax bewegte sich jahrelang hilflos zwischen den beiden Modellen hin und her, suchte nach einem Ausgleich, ließ den Ausgleich wieder fallen, weil er sich gerufen fühlte, ganz für die Menschen da zu sein, sogar wenn er selbst über keine Mittel verfügte, die er mit anderen hätte teilen können. – So inspirierte ihn der Wunsch, das Leben armer Menschen zu teilen, zu seinem Einsatz im Friendship House, einer katholischen karitativen Einrichtung in Harlem, zu Beginn der 1940er-Jahre; dieser Wunsch begleitete ihn während seiner journalistischen Reisen in Europa in den 1950er- und 1960er-Jahren, als er auf diesen Reisen den Kontakt u. a. mit dem Dominikanerpater Thomas Philippe und mit Jean Vanier suchte, die im Zusammenleben mit armen und behinderten Menschen neue Wege gingen; dieser Wunsch beeinflusste ihn 1950 bei seinen «Experimenten» während seines Aufenthaltes in Marseille. – Eine eigentliche Lösung der Spannung zwischen dem Schreiben und der Zuwendung zu armen und bedürftigen Menschen brachte wohl erst das Leben mitten unter der einfachen Bevölkerung einer griechischen Insel; ihr Leben teilen zu können, von diesen Menschen angenommen zu werden, einer der ihren zu sein, ließ Robert Lax auch schreiben.

Aus dem Umkreis der Familie ist noch der Onkel mütterlicherseits, Henry Hotchener, zu erwähnen. Er gehörte nach den Angaben von Robert Lax zu jenem Kreis der Theosophen, die sich um die Erziehung von Krishnamurti kümmerten. Die Theosophen wollten den spirituell hochbegabten jungen Mann zum Weltlehrer für das Wassermannzeitalter heranbilden, zum zukünftigen Buddha. Doch Krishnamurti löste 1929 die ganze Organisation (Order of the Star in the East) auf, die sein Kommen vorbereitet und getragen hatte, und ging als spiritueller Lehrer seinen eigenen, unabhängigen Weg. Robert Lax sagte im Gespräch mit Arthur W. Biddle, dass dieser Onkel in der Familie bewundert wurde. Interessant ist auf jeden Fall, wie selbstverständlich sich Robert Lax während seiner Studentenzeit auf die Begegnung mit dem indischen Mönch Brahmachari einlassen konnte und dass er sich im Alter von 62 Jahren einen Traum[3] notierte, in dem er selbst in der Rolle seines Onkels Henry steckte.

Columbia University – Die Basis lebenslanger Freundschaften

Eine wichtige Zeit begann für Robert Lax, als er im Herbst 1934 an der Columbia University in New York mit dem Studium der englischen Literatur anfing. Es war die Zeit, in der Freundschaften geknüpft wurden, die über Jahre und Jahrzehnte anhielten. Es war die Zeit, in der er, vor allem in *Jester*, der literarischen Zeitschrift der Universität, regelmäßig veröffentlichen und als verantwortlicher Redakteur mitarbeiten konnte.

Zu den bleibenden Freunden aus dieser Zeit zählten Edward Rice (1918–2001), Ad Reinhardt (1913–1967), Robert Gibney (1915–1973), Thomas Merton (1915–1968) und Nancy Flagg (1921–1980). Es waren die künstlerischen Interessen, die sie verbanden, aber auch Reiseerfahrungen und die Suche nach einem Lebenssinn in den schwierigen Vorkriegsjahren. Eine besondere Freundschaft entstand zwischen Thomas Merton und Robert Lax. Auch nachdem Thomas Merton im Dezember 1941 in das Trappistenkloster Gethsemani eingetreten war, blieb der Kontakt erhalten; neben dem einen oder anderen Besuch von Robert Lax im Kloster ist es vor allem die unterhaltsame und beeindruckende Korrespondenz[4], die davon Zeugnis ablegt. Thomas Merton war zudem der erste, der Robert Lax porträtierte. In seiner Autobiografie *Der Berg der sieben Stufen*, die 1948 erschien, schilderte er aus seiner Sicht die Studentenjahre an der Columbia University, die Freundschaften und die Rolle, die Robert Lax in diesem Beziehungsnetz spielte.

Einen besonderen Stellenwert bekamen die drei Sommeraufenthalte (1938–1940) in einem Ferienhaus in den Bergen südlich von Olean. In wechselnder Zusammensetzung bewohnten die Freunde ein Haus des Schwagers von Robert Lax, widmeten sich literarischen Experimenten und der Musik. Im Nachhinein wurde ihnen klar, dass sie das Lebensgefühl einer ganzen Generation vorweggenommen hatten.

> Mit Merton, Rice, Slate, Gibney und anderen ging ich dann später auch in eine Hütte in Olean. Wir verbrachten dort sozusagen eine gemeinsame künstlerische Zeit. Der Alltag bestand aus Schreiben, Musik machen und Philosophie. Später wurde das dann als »Proto-Beat« oder sogar »Proto-Hippie« beschrieben. Ob wir damit Vorläufer der Beats waren, weiß ich nicht. Vielleicht folgt eine Generation einfach der anderen. Vielleicht gab es solche Sachen ja an verschiedenen Stellen im Land. Viele waren damals auf dieser Wellenlänge. Allerdings waren wir sicher die einzigen, die mit Jeans und Bart im Country Club aufkreuzten! Die Sachen, die wir mochten, hielten uns zusammen – Schreiben, Meditieren, Trommeln, Singen, Jazz, all diese expressiven Sachen. Wir machten einfach weiter mit dem, was wir an der Columbia gemacht hatten.[5]

Auch wenn diese Sommeraufenthalte voller Leben waren, hatte Robert Lax, ähnlich wie seine gleichaltrigen Freunde, mit einer großen Krise zu ringen: Wie sah seine berufliche Zukunft aus? Welche Bedeutung besaß sein Schreiben? Drohte der Welt ein Krieg, der sie in die Zerstörung trieb? Er schloss sein Studium 1938 ab und ließ sich auf verschiedene Jobs ein, blieb mehr oder weniger lange an einer Stelle und suchte weiter. Er trat als DJ auf, war als Ansager der Rundfunkstation in Olean zu hören, wirkte als Erzieher der Kinder eines Hotelmanagers in New York, unterrichtete Englisch, schrieb Drehbücher in Hollywood, arbeitete in Zeitungen und Zeitschriften mit *(The New Yorker, Carolina Magazine, Time, Parade)* und nahm in Chapel Hill auch noch einmal das Studium auf. In diese Jahre der Suche gehört auch sein Einsatz in dem von Catherine de Hueck geleiteten Friendship House in Harlem.

Entdeckung der Zirkuswelt

Im Jahre 1948 kam Robert Lax im Rahmen seiner journalistischen Tätigkeit ein erstes Mal mit dem Cristiani Family Circus in Berührung. Aus dieser Begegnung entstand die Idee, mit dem Zirkus auf Tournee zu gehen; die Idee wurde im Sommer des folgenden Jahres realisiert: Lax fuhr mit dem Zirkus durch die kanadische Provinz Saskatchewan. Diese Wochen mit dem Zirkus, das Leben mit den Artisten und Artistinnen, lösten in ihm in spiritueller und künstlerischer Hinsicht sehr viel aus, greifbar vor allem in den Gedichtbänden *Circus of the Sun* und *Mogador's Book*, die in ihren Hauptteilen im folgenden Jahr entstanden, aber erst später veröffentlicht wurden.

Als Robert Lax 1951 in Italien weilte, ließ er sich noch einmal auf die Zirkus-Erfahrung ein. Mit dem Alfred Court Zoo Circus, auf den er in Rom stieß, reiste er nach Pescara. Sein Werk *Voyage to Pescara* gibt die Erlebnisse und Gespräche mit den Artisten und Handwerkern des Zirkus in Gedichten und Prosatexten wieder.

Der 1959 veröffentlichte Gedichtband *Circus of the Sun* gilt in der englischsprachigen Lyrik als ein hervorragendes Werk. Im Hinblick auf die Spiritualität von Robert Lax sind vor allem fünf Stichworte hervorzuheben:

- ■ Schöpferischer Neubeginn: Es faszinierte Lax, dass der Zirkus immer wieder neu aufgebaut und nach den Vorstellungen wieder abgebaut werden musste. Auf einer Wiese, auf der vorerst noch nichts zu sehen war, maß ein Vortrupp den Platz aus; das Zelt, die Masten, die Scheinwerfer, die Sitze, alles wurde herangefahren und aufgestellt, eine ganze Welt entstand.

Dieses Entstehen aus dem Nichts, aber auch die Entleerung der eben noch festlichen Wiese: Sie werden zu Bildern für die göttliche Schöpfungsgeschichte, wie sie ihm seit seiner Kindheit vertraut ist, einer Schöpfungsgeschichte, die voll bunter Überraschungen und Freuden steckt.

Alle Tage der Schöpfung haben wir an einem Tag gesehen (s. S. 43)

■ Das Rund der Manege, in dem eine Nummer die andere ablöst, weist sowohl mit ihrer klaren Abgrenzung, aber auch mit ihrer Fülle an Bewegungen auf die Welt hin. So wie sich in der Manege das Entscheidende abspielt, die Artisten ihr Bestes geben und den verdienten Applaus ernten, geschieht es auch auf dem Rund der Erde.

Die Liebe schuf einen Raum:
In ihm entfalteten sich alle Dinge (s. S. 41)

■ Der Artist ist das Vorbild für die menschliche Vollendung. Hinter seinem leichtfüßigen, glanzvollen Auftreten stehen Jahre des Trainings und der Arbeit an sich selbst. Diese Mühe ist vergessen, wenn man ihn sieht. Was er vollzieht, wirkt wie ein Spiel, die Körperbeherrschung wird selbstverständlich.

Und mit einer Geste seiner beiden Arme sagte er:
Das war nichts. (s. S. 49)

Der Artist verkörpert einen Menschen, der über seine Bodenhaftung hinausgewachsen ist und doch liebevoll immer wieder auf den Boden zurückkommt. Der Artist macht sichtbar, was Gnade bedeutet. Damit der Artist zu dieser Leichtigkeit gelangt, muss er, nach aller Mühe und Anstrengung des regelmäßigen Trainings, den Schritt in die absichtslose Präsenz wagen. Oder anders gesagt: Er entdeckt, dass ein Salto eben nichts anderes zu sein hat als ein Salto, ein Jonglieren nicht mehr bedeutet als ein Jonglieren. Was er eben vollzieht, ist auch schon alles. Es lässt sich keinem Zweck unterordnen.

Im Gedicht *Penelope und Mogador* wird diese absichtslose Präsenz verdeutlicht. Solange Mogador mit seinem Sprung auf dem Rücken des Pferdes etwas erreichen will, etwa die Bewunderung Penelopes, oder ihn theoretisch groß untermauert, geht er daneben. Erst als er wieder fähig ist, »einfach« zu springen, gelingt er ihm.

> Es ist, als ob mich ein Wind umgeben würde
> oder eine dunkle Wolke,
> und ich bin darin,
> sie gehört zu mir,
> und sie gibt mir die Kraft,
> diese Dinge zu tun. (s. S. 45)

■ Die schöpferische Bewegung der Zirkuswelt und das Können der Artisten sind nach Robert Lax letztlich transparent, sie lassen das göttliche Wirken durchscheinen. Die der Welt immanente göttliche Liebe findet hier ihren Ausdruck. Die Artisten wissen sich – ausgedrückt mit den alten biblischen Bildern von Wind und Wolke – von dieser göttlichen Liebeskraft beflügelt und geschützt. Die Artisten leben in der Präsenz der göttlichen Sonne, die mit ihrem Licht die Welt, die Stadt zum Leuchten bringt.

> Die Stadt im Sonnenuntergang bebte mit dem Feuer, die Luft bebte im feuerroten Licht, eine feuerrote Klarheit erstreckte sich nach Westen durch die Alleen, die Luftzungen leckten an den Häuserfronten, die Feuerschwingen rüttelten über den Kirchen und Häusern, den Kirchtürmen und Geschäften der weiten, ausgebreiteten Stadt, die sich zum Meer hin erstreckte.[6]

■ Robert Lax gibt der ganzen Dichtung *Circus of the Sun* ein biblisches Motto aus dem Buch der Sprichwörter: Worte, die der Weisheit in den Mund gelegt werden, Worte, die die Weisheit als spielerische, schöpferische Kraft umschreiben. Die Schöpfung als solche, die Bewegungen, Prozesse und Veränderungen in dieser Welt, die biografischen Entwicklungen, sie alle entstammen dem Spiel der jugendlichen Weisheit, deshalb kann ihnen Vertrauen entgegengebracht werden.

> Auch die Weisheit tanzte // ihre Kreise, denn darin bestand ihr königliches Reich: Die Sonne // wirbelte, Welten drehten sich, die Jahreszeiten kehrten wieder, und // alle Dinge zogen ihre Runden. (s. S. 41)

Oder, in den Worten des alten Robert Lax:

> Ich glaube, wir sind ein Teil eines universalen rhythmischen Prozesses, denn wir sind alle ein Teil der Natur – wir sind in ihr und von ihr. Wir atmen wie die herein- und hinausrollenden Wellen – wir fließen. Kosmische Kreati-

vität und kreative Entwicklung gehen dauernd weiter. Alles singt ständig.[7]

Schreiben wie ein Artist: zwischen Training und Gnade

Die Weisheit bildet für Robert Lax eine zentrale Vorstellung, sie taucht, unterschiedlich nuanciert, immer wieder auf. Wenn er im Motto für den Gedichtband *Circus of the Sun* auf einen Text der jüdischen Bibel zurückgriff – eine jugendliche, fast kindliche Frau Weisheit mit der Freude an Spiel und Tanz als Ausdruck göttlicher Schöpfungskraft –, so war ihm dieselbe Vorstellung auch aus anderen Bereichen vertraut. So hatte die katholische Kirche diesen Text in die Marienliturgie aufgenommen, um zu betonen, dass in Maria jene schöpferische Kraft gegenwärtig war, die es schon lange vor der historischen Mutter des Jesus von Nazareth gegeben hatte. Und aus den Gesprächen mit dem Mönch Brahmachari, dem er während seiner Zeit an der Universität begegnet war, wusste er um die hinduistische Vorstellung eines göttlichen Spiels: Alles, was sich ereignete und sich auf dieser Welt abspielte, war letztlich ein Teil des göttlichen Spiels; darum zu wissen und ihm Raum zu geben war Weisheit.

In einem Tagebucheintrag aus dem Jahre 1969 taucht die Vorstellung der Weisheit in der Verbindung mit Anmut auf: Weisheit hatte für Robert Lax auch eine ästhetische Stimmigkeit. Aber auch: Anmut wahrzunehmen und in Anmut zu handeln erschloss die Weisheit.

Etwa einen Monat später notierte sich Robert Lax noch einen anderen, für ihn entscheidenden Aspekt der Weisheit: Weisheit hilft zu überleben, Weisheit entsteht aus dem täglichen Überleben.

Diese Notiz macht zudem deutlich, wie viel er dem Zusammenleben mit den einfachen Fischern auf der Insel verdankte.

> weise sein heißt erst einmal: wissen, woher der wind
> weht …
> wissen, wie man unter allen möglichen umständen ge-
> sund und munter bleibt (gut genährt & mit genügend
> luft und schlaf), das gehört auch zur weisheit.
> die weisheit des überlebens.
> die weisheit zum überleben.
> wer mit der weisheit des überlebens durchtränkt ist,
> wird nicht nur selbst fürs »überleben« tüchtig, sondern
> auch dafür, es andere zu lehren (sogar generationen von
> andern). […]
> weisheit und maß halten haben bestimmt etwas mit-
> einander zu tun. wer es nicht versteht, in einem tun maß
> zu halten (ja all sein tun zu mäßigen), kann nicht weise
> sein. […]
> unter griechen leben (und vielleicht besonders unter ka-
> lymnern) heißt, in einer atmosphäre der weisheit leben.
> wo unter kalymnern lässt sich der höchste grad an weis-
> heit beobachten? ich glaube, fast sicher, unter den fi-
> schern.
> was sind denn die weisen dinge, die sie sagen und tun?
> nur indem man unter ihnen lebt, indem man ihnen sorg-
> fältig zuschaut und aufmerksam zuhört, kann man all-
> mählich von ihnen lernen.
> lernen ein fischer zu sein? lernen – langsam – weise zu
> sein.[8]

Auch das Motiv des göttlichen Lichtes, das in den Gedichten von
Circus of the Sun mehrfach vorkommt, erscheint in den Texten

der folgenden Jahre immer wieder. Es wird zum Motiv der Inspiration und des göttlichen Schutzes, zum Bild dafür, dass sich der Mensch, wenn er sich in einer nur irdisch verstandenen Existenz einrichten will, falsch versteht. Dieses Licht ist Gabe, aber auch eine lebenslange Herausforderung.

In einem Text aus dem Jahre 1994 taucht das biblische Bild der Jakobsleiter auf; die Engel steigen auf dieser Lichtleiter auf und nieder. Robert Lax kommentiert das Bild mit der Frage, ob er sich dieser lichtvollen Verbundenheit mit Gott (schon) würdig fühle, und mit dem lakonischen Impuls, sich um diese Würde zu bemühen. Im selben Jahr notiert er sich, dass bei allen äußeren Merkmalen, die uns Menschen voneinander unterscheidbar machen, das innere Licht die Menschen verbindet; bei allen Menschen ist es dasselbe Licht.

> Lass das Licht herein, wann auch immer, wo auch immer du kannst. Und wenn du den Lichtschein eine Weile gehegt hast, lass ihn wieder gehen, gib ihn weiter, lass es fließen, und du wirst später sicher mehr davon bekommen.[9]

Ein letzter Punkt, die Rolle des artistischen Schreibens, soll im Zusammenhang mit den beiden Gedichtbänden *Circus of the Sun* und *Mogador's Book* noch hervorgehoben werden. Das künstlerische Verständnis, das Robert Lax mit dem Zirkusartisten verband, galt auch für sein eigenes Schreiben. Bei allem Training und bei allem Können: Der Text sollte seine Leichtigkeit behalten. Nicht die Mühe und die Formvollendung sollten sich in den Vordergrund drängen, sondern die Einfachheit und Selbstverständlichkeit. Hinzu kam, eben beim Artisten entdeckt, dass die Kunst und der Künstler nicht voneinander zu trennen waren.

Für ihn als Dichter hieß das, mit dem Schreiben immer wieder bei sich selbst zu beginnen, nicht im Sinne eines egozentrischen oder narzisstischen Kreisens um sich selbst, sondern im Sinne einer Suche nach der authentischen Sprache.

Jahre des experimentellen Schreibens

Robert Lax reiste als Journalist durch mehrere Länder Europas und schrieb für verschiedene Zeitungen und Zeitschriften. Er engagierte sich zudem bei der Entstehung der beiden Zeitschriften *Jubilee. A Magazine of the Church & Her People* im Jahre 1953 und *Pax* im Jahre 1955.

Immer wieder veröffentlichte er auch Gedichte. Für die Verbreitung seiner literarischen Werke waren zwei Begegnungen wichtig, die eine mit Emil Antonucci im Jahre 1955, die andere mit Bernhard Moosbrugger im Laufe der 1960er-Jahre. Emil Antonucci veröffentlichte Gedichte von Robert Lax in Form von Holzschnitten und Lithographien oder illustrierte die Gedichte. Bernhard Moosbrugger gab den Texten von Robert Lax eine neue Öffentlichkeit, indem er sie im neu gegründeten Pendo Verlag mehrsprachig publizierte, die Tagebücher auf englisch und deutsch, die Zirkus-Gedichte auf englisch, französisch, deutsch und spanisch.

Robert Lax hat eine zirkusreife Episode in Erinnerung behalten, als es darum ging, sich mit Bernhard Moosbrugger bei dessen Einreise in die USA zu treffen:

> Als Bernhard das erste Mal nach Amerika kam, sollte ich ihn beim Schiff treffen. Wir hatten beide oft Jonglieren geübt in seinem Hof. Jonglieren gehörte zu meinen re-

gelmäßigen sportlichen Übungen. Ich war ziemlich gut, Bernhard auch. Als er also auf einem großen Schiff nach Amerika kam, sagte ich, ich würde ihn am Quai abholen. Aber das Problem war, wie wir einander dort in der großen Menschenmenge finden sollten. Also sagte ich, wir würden einfach beide jonglieren. Wir machten es so … und es klappte.[10]

Während seiner Reisen kam er 1962 ein erstes Mal nach Griechenland. Dieses Land, seine Inseln sollten ihn weiterhin anziehen. Ab 1964 wohnte er in Griechenland, auf unterschiedlichen Inseln, über längere Zeit auf Kalymnos und auf Patmos. Er verließ die Inseln nur noch, wenn es galt, Einladungen zu folgen, sei es als »Poet-in-Residence«, sei es im Zusammenhang mit Ausstellungen, literarischen Colloquien, Gastprofessuren, Preisverleihungen, Lesungen und den offiziellen Treffen der Astronauten.[11]

Im Laufe der 1960er-Jahre festigte sich sein Ruf als Lyriker. Seine Veröffentlichungen erlangten Anerkennung. Inzwischen hatte sich allerdings seine lyrische Sprache verändert, sie war nicht mehr die Sprache der Zirkus-Gedichte. In einem radikalen Prozess hatte sich seine Sprache vereinfacht und reduziert; sie wollte mit möglichst wenig auskommen – ein Prozess, der nur spirituell richtig eingeordnet werden kann.

In mehreren Reflexionen über sein eigenes Schreiben bezieht sich Robert Lax auf jene Stelle der hebräischen Bibel, in der Adam, noch allein im Paradies, von Gott den Auftrag bekommt, alles zu benennen und zu bezeichnen. Robert Lax betrachtet diesen Vorgang des Schauens und Benennens als Ausdruck seines Respekts gegenüber dem Vorgegebenen; er besitzt für ihn sowohl einen schöpferischen Aspekt – durch das Benennen füllt sich die Welt (des Schreibenden und des Lesenden) – als auch einen analytischen, Ordnung schaffenden Aspekt:

> manchmal sieht er schwer ein, warum, aber manchmal schon. erfahrungen – alltägliche, von-tag-zu-tag-erfahrungen – zu papier bringen macht sie zu stärkeren erfahrungen, bricht sie in unterscheidbare teilchen auf und setzt sie wieder zusammen. lässt ihn wissen, wo er ist & was er tut, und bereitet auf beliebiges neues vor, das kommen mag. macht ihn mit seinen kelchen und kategorien bereit, aufzufangen, was immer an neuem »vom himmel fällt«.
>
> es ist immer, es kommt ihm immer so vor, wie adam, der die tiere benennt: sie kommen zu ihm als namenlose geschöpfe, ununterschieden – bär und adler. er benennt sie, und sie stieben auseinander.[12]

Im Laufe der Jahre tritt bei Robert Lax die Freude am Benennen des Vorgegebenen zurück zugunsten der Faszination am Vorgang des Benennens selbst; ein Vorgang, der nach der Ansicht von Lax äußerst gefährdet ist, denn er darf sich nicht auf die subjektiven Möglichkeiten des Autors beschränken. Im Schreiben sollte sich der Autor öffnen auf jene Gedankengänge, die aus seiner innersten Mitte, aus seinem Herzen, aus seiner Verbundenheit mit Gott kommen.

Schreiben hat für Robert Lax damit zu tun, die Dinge, vielleicht ganz disparate Dinge, auf »eine einzige Linie zu kriegen«, Zusammenhänge zu sehen und dadurch zu ermöglichen. Es gehört zu seinen Eigenarten, dass ihm diese Zusammenhänge nicht im Wortreichtum und in der Wortanhäufung, in einer künstlerisch inszenierenden Ausgestaltung der Texte, aufgingen, sondern in deren Vereinfachung, in der Wiederholung einzelner Textelemente, als ob erst im Auskosten der Worte und ihrer rhythmischen Verbindung ihre Kraft erlebbar würde. Auskosten braucht Zeit, deshalb zwang er sich und seinen Leser zur Langsamkeit: Er begann seine Texte vertikal anzuordnen, gegenläufig zur gewohnten Leserichtung.

> Mein Schreiben ist einfach, mit Wiederholungen. Wenn es dazu hilft, die Dinge zu verlangsamen, wäre das wundervoll. Wir müssen langsamer werden! […] Ich kann es gar nicht deutlich genug sagen: *Denke langsam, bewege dich langsam.* Nur wenn wir verlangsamen, entspannen, zur Ruhe kommen, können wir irgendetwas wirklich verstehen.[13]

In der Art und Weise, wie Robert Lax seine Texte reduzierte, kommen noch einmal die kabbalistischen Vorstellungen von *Zimzum* und *Tikkun* zum Ausdruck: Die Lichtverbindungen innerhalb des Kosmos – und innerhalb des sprachlichen Kosmos – bestehen bereits. Je stärker der Autor zurückzutreten versteht, desto mehr können sie selbst hervortreten und auch dem Leser aufleuchten. In seinen Reflexionen greift Lax allerdings nicht mehr auf diese Begriffe zurück, sondern wählt einen anderen, einen Begriff, der sowohl in der christlichen als auch in der östlichen Spiritualität von Bedeutung ist: *Kenosis.*

> Das alles lässt sich auch mit »Kenosis« vergleichen, einem Weg zur mystischen Leere. *Kenosis* hat mit folgender Idee zu tun: Wenn du gibst, wenn du loslässt, wenn du dich leer machst, dann kommst du, während du das tust, in eine Position, in der du mehr empfängst. Es ist

zyklisch, wie unser Atmen – du atmest aus, du gibst weg, dann atmest du ein und nimmst auf. Geben – empfangen; empfangen – geben.

Ich kann von der Natur nichts empfangen, wenn ich das Meer mit einer Explosion weißglühender Worte habe verdampfen lassen. Aber mit einem kühlen kleinen Tropfen eines Wortes entsteht genug Raum zum Nachdenken. Bei der ganzen Sache geht es darum, dass du dich zurückhältst und den Fluss möglichst wenig blockierst. Mit der *Kenosis* verschwindet jede Spur des Ego direkt in das, was du tust. Du kämpfst nicht mehr damit, weil du eine offene Tür geworden bist, ein Kanal, ein Rohr.[14]

Anerkennung als spiritueller Autor

Im selben Ausmaß, in dem Robert Lax mit seinen Gedichten und seinen Tagebuchaufzeichnungen literarische Anerkennung gewann, wurde auch seine Persönlichkeit wahrgenommen. Es wurde immer deutlicher, dass hier jemand, abseits vom literarischen Großbetrieb, etwas zu sagen hatte, das er auch mit seiner ganzen Person, mit seiner Lebensgestaltung, vertrat. Er wurde für viele zu einem spirituellen Lehrer. Bei Lesungen nahmen sie Kontakt zu ihm auf, sie schrieben ihm, sie suchten ihn in Skala, seinem Wohnort auf Patmos, auf. Mit Ernst und Humor stellte er sich auch dieser Aufgabe, im Bewusstsein, dass es nicht sein Wissen war, das er weitergab, dass er Teil einer spirituellen Verbindung war, dass er zu jenen gehörte, die die Lichtpfade der Träume zu deuten verstanden.

Es sind vier Aspekte, die sich in seinen Texten immer wieder abzeichnen und zu einer spirituellen Botschaft verdichten, es sind diese Aspekte, die Robert Lax auch als Person anziehend machten: Für viele, die ihn aufsuchten, verkörperte er Achtsamkeit und Friedensarbeit, es umgab ihn eine Atmosphäre des Wartens und der lebenslangen Lernbereitschaft.

■ *Achtsamkeit.* Zur Haltung der Achtsamkeit gehören verschiedene Elemente. Wichtig ist zum Beispiel die Tätigkeit der Sinne, die Wahrnehmung. Wer achtsam lebt, setzt alle seine Sinne ein, denn da ist eine sehr kostbare, einmalige Welt, die wahrzunehmen sich lohnt. Zu den Sinnen zählen aber nicht nur die Fernsinne, sondern auch die Nahsinne, die den Menschen über seine körperliche und seelische Befindlichkeit informieren. Achtsamkeit bedeutet im Hinblick auf die Sinne, die Umgebung wahrzunehmen, aber auch die eigenen Reaktionen auf diese Umgebung. Und je stärker sich die Wahrnehmung verfeinert, desto feiner präsentieren sich die wahrgenommenen Einzelheiten. In der Wahrnehmung der Kostbarkeit der Welt wächst der Sinn für den eigenen Wert. Das Zusammenspiel der Fernsinne und der Nahsinne führt zu einer großen Wachheit.

Die Welt ist nicht nur etwas Kostbares, sie ist auch vertrauenswürdig. Wer achtsam lebt, lässt sich auf das Wahrgenommene ein – sogar wenn sich zeigt, dass das Wahrgenommene nichts Fixes und Stabiles ist, sondern sich ständig verändert. Auch diese kontinuierliche Veränderung, dieser unaufhaltbare Fluss ist vertrauenswürdig.

Die Achtsamkeit basiert zudem auf der Überzeugung, dass sich die Wahrnehmung noch in einer besonderen Weise verfeinern lässt: wenn aus dem Respekt eine liebevolle Zuwendung wird.

Die Achtsamkeit zeigt sich in den Texten von Robert Lax als Frucht seiner Meditationspraxis und seiner unermüdlichen Klärung dessen, was im Leben auf ihn zukam. Sie basiert aber auch auf den Schöpfungsvorstellungen, die er bereits als Kind und als junger Mann kennenlernte: Er lebte in einer Welt, die so, wie sie war, gottgewollt war.

■ *Friedensarbeit.* Für Robert Lax ergibt sich die Friedensarbeit aus der Achtsamkeit. Denn wer wach wahrnimmt, stößt auch auf Situationen, die durch Ungerechtigkeit, Hass und Destruktivität bestimmt werden. Umso wichtiger, dass die Achtsamkeit nicht eine private Angelegenheit bleibt, sondern ihre verändernde Wirkung in der Gesellschaft entfaltet. Das bedeutet nach der Vorstellung von Robert Lax allerdings nicht Kampf – in einem Kampf würde Destruktivität gegen Destruktivität stehen –, sondern bewusste Gestaltung des eigenen Lebens und Motivation der nächsten Menschen, ebenso bewusst und achtsam zu leben und sich der Selbsterkenntnis zu widmen.

Im *Handbuch für Friedensstifter,* dem letzten Werk, dessen Textabfolge er noch selbst zusammenstellen konnte, gestaltete Lax in knappen, einprägsamen Formulierungen die Voraussetzungen, die seiner Meinung nach Frieden bringen konnten. Frieden kann nur entstehen, wenn die Einzelnen die Friedensarbeit als eine Arbeit an sich selbst verstehen, Achtsamkeit üben, sich der Kontemplation widmen und eine Weisheit anstreben, die in der Liebe wurzelt. – Im Gespräch mit Steve Theodore Georgiou hielt Robert Lax als einen wichtigen Grund für seine Konversion fest, dass er Jesus als Messias, als Friedensstifter, sah und sich dieser Friedensarbeit anschließen wollte.

■ *Wissendes Warten.* Das 1984 veröffentlichte Buch *21 pages /
21 Seiten* gilt in spiritueller Hinsicht als ein zentrales Werk
von Robert Lax. Ein »Ich« – das nicht in allen Aussagen als
autobiografisches Ich gelesen werden darf – spricht von seinem lebenslangen Warten, von einem Warten, das keine Erfüllung zu finden scheint, aber zugleich von der intuitiven
Sicherheit geprägt ist, im Warten richtig zu liegen. Das Warten als Wesenselement der menschlichen Person … In der
Sprache, mit der Robert Lax dieses Warten umschreibt, klingen sowohl buddhistische Gedankengänge des ewigen
»Durstes« mit, der in dieser Welt nie befriedigt werden kann,
als auch Formulierungen der christlich geprägten Sehnsucht. Die christliche Tradition überwiegt in dem Sinne, als
das ganze Warten – der ganze Text – auf ein Du ausgerichtet
ist. Wenn dieses Du eintrifft, wird sich die Welt verändern,
wird alles anders.

Dieses Warten ist schmerzhaft, es gibt den einzelnen Le-
benssituationen etwas Unbefriedigendes und erlaubt dem
Sprechenden nicht, sich auf Dauer einzurichten. Gleichzeitig ist dieses Warten insofern erträglich, als für den Sprechenden deutlich ist, dass zu warten sein eigentlicher Auftrag ist.

Am 26. Februar 1970 liegt ein Tagebucheintrag vor, der mei-
nes Erachtens die Gedankengänge von *21 pages / 21 Seiten*
bereits vorwegnimmt. Robert Lax spricht an dieser Stelle von
seinem inneren Kompass, der ihm, auch in einem neuen
Land, die Orientierung ermöglichen wird; der Schlussge-
danke der Notiz lautet dann, dass er, Lax, »dich [auch] durch
deine abwesenheit«[15] verstehen wird. Dank diesem inneren
Kompass »weiß« Lax, worauf er im Tiefsten ausgerichtet ist;

dieses Wissen ist so fundamental, dass er gelegentlich den Eindruck hat, dass in ihm gleichzeitig zwei unterschiedliche Bewusstseinsebenen vorhanden sind; während er auf der einen Ebene des Bewusstseins orientiert ist, ist er auf der anderen desorientiert, oder in der Sprache der *21 Seiten:* Während er auf der einen Ebene noch wartet, feiert er auf der anderen bereits die Veränderung, die der Ankunft des Du zu verdanken ist.

> Ich gab nicht auf, weil ich nicht konnte. Ich gab nicht auf, weil ich dafür geschaffen war, immer weiter zu warten. Geschaffen, gemacht, erfunden, geboren, zu diesem einzigen, einzigartigen zweck: achtzuhaben, zu warten. Man kann die sache, wofür man geschaffen ist, nicht aufgeben. Man kann nicht aufgeben zu sein, was man ist.

> Jedenfalls ich nicht. Ich konnte nicht aufgeben zu sein, was ich war, und auch jetzt kann ich es nicht. Ich habe mich auf das geschäft eingelassen, zu tun, was ich tue, zu sein, was ich bin, und zu warten, auf wen immer ich warte und immer schon gewartet habe. Es ist mein geschäft, so vermute ich, weil ich im augenblick anderes nicht tun könnte.[16]

■ *Lebenslange Lernbereitschaft.* Viele seiner kurzen Texte kommen sprachlich als Impulse, als Anregungen daher. Sie besitzen einen starken Aufforderungscharakter. Wenn wir den Kontext betrachten, zeigt sich, dass die meisten dieser Impulse in ein kontinuierliches Selbstgespräch eingebettet sind. Lax denkt, in Bezug auf die eigene Person, darüber nach, ob er bereits alles, die ganze Realität, wahrgenommen hat, wo – in der Wahrnehmung und in der Reaktion auf das

Wahrgenommene – er sich verbessern kann und will und welche Strategien sich für diese Verbesserung empfehlen. Dieses unermüdliche Lernen gehört in die jüdische Tradition. Lax hat es aufgegriffen und umgestaltet; für ihn ist das Lernen nicht mehr so sehr auf die heiligen Bücher ausgerichtet; der Alltag und seine Ereignisse, die Begegnungen und Beziehungen, sind letztlich der Lernstoff.

Dass Robert Lax nicht zum Oberlehrer geworden ist, hängt mit seinem Vertrauen zusammen, dass das eigentliche Lernen ein innerer Prozess ist, der am Menschen und mit dem Menschen geschieht und den er nur teilweise beeinflussen kann. Wichtig ist, dass wir Menschen, aus Angst oder Unwissenheit, diesen Prozess nicht blockieren. Deshalb lädt Lax immer wieder ein, den Fluss der Ereignisse wahrzunehmen, sich auf diesen Fluss einzulassen.

Das Beste, was du im Leben tun kannst: Heiße jeden Augenblick willkommen, wie er kommt, denn jeder Augenblick hat Bedeutung. Aber versuche dabei nicht, ihn festzuhalten, sondern lass ihn mit Verständnis und Wertschätzung vorbeiziehen. Je mehr du versuchst, irgendetwas festzuhalten, desto mehr zerbricht der ganze Rhythmus, und du kannst nicht wachsen.[17]

Ende und Anfang berühren sich

In den letzten Jahren seines Lebens spürte Robert Lax, dass seine Kräfte abnahmen. Die vielfältige Korrespondenz, die Einladungen, die Besucher, das Interesse für ihn, gelegentlich wurde es ihm zuviel. Und doch wollte er sein unabhängiges Leben in Skala noch möglichst lange weiterführen. Allenfalls konnte er sich vorstellen, eine Einladung ins Priesterseminar Luzern anzunehmen, in seine ursprüngliche Heimat wollte er nicht. Im April 2000 bat er seine Angehörigen und Freunde, ihm beim Umzug nach Luzern behilflich zu sein, da sich sein Gesundheitszustand verschlechtert hatte. – Jack Kelly hat auf berührende Art diesen Krankentransport mit Schiff, Bahn und Wagen beschrieben. – Es sollte vorerst nach Brüssel gehen, wo er untersucht und gepflegt wurde, dann in die Schweiz. Als Robert Lax von der Möglichkeit hörte, dass er, auch ohne fliegen zu müssen, in die USA reisen konnte, war er damit einverstanden, nach Olean zurückzukehren, in das Haus, das ihm aus der Kindheit vertraut war:

> Bob hatte die vertraute Aussicht auf den weiten Garten, auf Büsche und Bäume, der sich in fünfzig Jahren nicht verändert hatte. »Ich bin so glücklich hier, zurück, wo ich angefangen habe«, sagte er [...]. »Danke.«[18]

Robert Lax starb am 26. September. Er wurde auf dem Friedhof der Franziskaner von St. Bonaventure beigesetzt. Er hatte sich diesen Ort gewünscht.

> Manchmal begeben wir uns auf eine Suche
> und wissen nicht, wonach wir Ausschau halten,
> bis wir wieder zu unserem Anfang kommen. (s. S. 39)

Die biografischen Stationen im Überblick

1915   Geboren am 30. November in Olean (NY). Die Eltern: Sigmund Lax und Rebecca Betty Hotchener. Im Laufe der Jahre zieht die Familie zweimal nach New York, in den Stadtteil Queens, aber auch wieder zurück nach Olean.

1934   Studium (Englische Literatur) an der Columbia University, New York. Mitarbeit bei *Jester*, der literarischen Zeitschrift der Universität. Beginn von lebenslangen Freundschaften: Thomas Merton, Edward Rice, Ad Reinhardt und andere.

1938   Abschluss des Studiums. Im Laufe der nächsten Jahre verschiedene berufliche Tätigkeiten (DJ, Rundfunksprecher, Erzieher, redaktionelle Mitarbeit bei Zeitungen und Zeitschriften, Lehrer, Sozialeinsätze usw.) und Reisen. Von 1938–1940 verbringt Lax die Sommermonate gemeinsam mit Freunden in einem Sommerhaus in den Bergen (in der Nähe von Olean); sie bilden eine Art »Künstlerkolonie«.

1943   Konversion zum Katholizismus. Weiterhin Tätigkeiten als Lehrer, Journalist, Fotograf, Drehbuchautor.

1949   Unterwegs mit dem Zirkus Cristiani; gleich im Anschluss daran Arbeit an den Gedichten, die zehn Jahre später veröffentlicht werden und ihn bekannt machen: *Circus of the Sun.* Schreibt für verschiedene Zeitschriften. Reisen, vor allem in Europa.

1953   Gemeinsam mit Ed Rice gründet er die Zeitschrift *Jubilee,* er gilt als reisender Redakteur (Auslandsredaktor, vor allem für kulturelle und religiöse Belange).

1955   Gründung der Faltblatt-Zeitschrift *PAX.* Begegnung mit Emil Antonucci, der als Grafiker seine Gedichte zu veröffentlichen beginnt.

1964   Nachdem er sich 1962 ein erstes Mal in Griechenland aufgehalten hat, wohnt er ab 1964 in Griechenland: Lesbos, Kalymnos, Patmos. Er verlässt seine jeweilige Insel nur noch für kurze Zeiten, um beispielsweise Lehraufträgen nachzukommen, an literarischen Colloquien oder Ausstellungen teilzunehmen und um der Einladung seines Freundes James Harford zu den internationalen Astronauten- und Kosmonautentreffen Folge zu leisten.
Ist er unterwegs – aber auch durch eine rege Korrespondenz –, pflegt er sein großes Netz von Beziehungen.

1992   Ehrendoktor der St. Bonaventure University, Olean.

2000   Als den Angehörigen klar wird, dass Robert Lax aus gesundheitlichen Gründen nicht mehr allein in Skala (Patmos) leben kann, organisieren sie einen wochenlangen Krankentransport, mit mehreren Zwischenstationen, zurück in seine Heimatstadt Olean. Robert Lax stirbt am 26. September in seinem Elternhaus. Sein Grab liegt im Bereich der St. Bonaventure University, die auch seinen dichterischen Nachlass verwaltet.

Gedichte

Sometimes we go on a search
and do not know what we are looking for,
until we come again to our beginning.

Manchmal begeben wir uns auf eine Suche
und wissen nicht, wonach wir Ausschau halten,
bis wir wieder zu unserem Anfang kommen.

In the beginning (in the beginning of time to say
the least) there were the compasses: whirling in
void their feet traced out beginnings and endings,
beginning and end in a single line. Wisdom danced
also in circles, for these were her kingdom: the sun
spun, worlds whirled, the seasons came round, and
all things went their rounds: but in the beginning,
beginning and end were in one.

And in the beginning was love. Love made a sphere:
all things grew within it; the sphere then encompassed
beginnings and endings, beginning and end. Love
had a compass whose whirling dance traced out a
sphere of love in the void: in the center thereof
rose a fountain.

Am Anfang (am Anfang der Zeit, um nicht mehr
zu sagen) waren die Schenkel eines Zirkels: Sie drehten im
Leeren, ihre Füße schufen eine Spur aus Anfängen und Enden,
Anfang und Ende in einer einzigen Linie. Auch die Weisheit tanzte
ihre Kreise, denn darin bestand ihr königliches Reich: Die Sonne
wirbelte, Welten drehten sich, die Jahreszeiten kehrten wieder, und
alle Dinge zogen ihre Runden. Aber am Anfang
waren Anfang und Ende eins.

Und am Anfang war Liebe. Die Liebe schuf einen Raum:
In ihm entfalteten sich alle Dinge; der Raum umfasste also
Anfänge und Enden, Anfang und Ende. Die Liebe
hatte einen Zirkel, im Leeren schuf sein Drehtanz
einen Raum von Liebe: In seiner Mitte
entsprang eine Quelle.

We have seen all the days of creation in one day: this is the day of the waking dawn and all over the field the people are moving, they are coming to praise the Lord: and it is now the first day of creation. We were there on that day and we heard Him say: Let there be light. And we heard Him say: Let firmament be; and water, and dry land, herbs, creeping things, cattle and men. We were there in the beginning for we were there in the morning and we saw the rising of the tent and we have known how it was in the beginning. We have known the creation of the firmament: and of the water, and of the dry land, and of the creatures that moved in the deep, and of the creatures that moved on the land, and of the creation of men: the waking of acrobats. We have known these things from the beginning of the morning, for we woke early. We rose and came to the field.

Alle Tage der Schöpfung haben wir an einem Tag gesehen: Dies ist
der Tag, da die Morgendämmerung wachgerufen wird und die Leute
über das ganze Feld hin in Bewegung sind; sie kommen, um den
HERRN zu preisen:

Und das ist der erste Tag der Schöpfung. Wir waren dabei
an diesem Tag, und wir hörten IHN sagen: Da soll Licht sein. Und
wir hörten IHN sagen: Das Firmament soll sein und Wasser und
trockenes Land, Pflanzen, kriechende Wesen, Vieh und Menschen.
Wir waren dabei am Anfang, denn wir waren dabei, als es tagte,
und wir sahen, wie das Zelt aufgerichtet wurde, und wir erkannten,
wie es am Anfang war. Wir erkannten die Erschaffung des
Firmaments und des Wassers und des trockenen Landes und
der Geschöpfe, die sich in der Tiefe des Meeres bewegten, und der
Geschöpfe,
die sich auf dem Land bewegten, und die Erschaffung der
Menschen: das Erwachen der Akrobaten. Wir erkannten dies alles
vom Beginn des Morgens an, denn wir waren früh wach geworden.
Wir hatten uns erhoben und waren zum Feld gekommen

Penelope and Mogador

One time Penelope the tightrope walker asked Mogador
how he was able to land so gracefully after he did a
somersault on horseback.

Mogador said:

> It is like a wind that surrounds me
> or a dark cloud,
> and I am in it,
> and it belongs to me
> and it gives me the power
> to do these things.

And Penelope said, Oh, so that is it.

And Mogador said, I believe so.

The next day in the ring, Mogador leaped up on the horse.

He sat on it sideways and jogged halfway around the ring;
then he stood up on the horse's back with a single leap;
he rode around balancing lightly in time to the music;
he did a split-jump – touching his toes with his hands;
he did a couple of entrechats – braiding his legs in
midair like a dancer:

then Oscar threw him a hoop.

Mogador tossed it up in the air and spun it.

He caught it,

leapt up,

and did a somersault through it!

He thought:

> I am a flame,
> a dark cloud,
> a bird;
> I will land like spring rain

Penelope und Mogador

Einmal fragte Penelope, die Seiltänzerin, Mogador,
wie er es fertig bringe, nach einem Salto auf dem Pferderücken
so voller Grazie zu landen.
Mogador sagte:

> Es ist, als ob mich ein Wind umgeben würde
> oder eine dunkle Wolke,
> und ich bin darin,
> sie gehört zu mir,
> und sie gibt mir die Kraft,
> diese Dinge zu tun.

Und Penelope sagte: So also!
Und Mogador sagte: Ich gehe davon aus.
Am nächsten Tag in der Manege sprang Mogador auf das Pferd.
Er setzte sich seitwärts und ritt um die halbe Manege;
dann stellte er sich in einem einzigen Satz auf den Rücken des Pferdes;
er ritt weiter, balancierte im Rhythmus der Musik leicht hin und her;
er sprang in die Grätsche – und berührte mit den Händen die Zehen;
er vollzog ein paar Entrechats – und flocht die Beine ineinander wie
ein Tänzer.
Dann warf ihm Oskar einen Reifen zu.
Mogador warf ihn in die Luft und wirbelte ihn herum.
Er fing ihn auf,
sprang in die Höhe
und durch den Reifen hindurch machte er einen Salto!
Er dachte:

> Ich bin eine Flamme,
> eine dunkle Wolke,
> ein Vogel;
> ich will landen wie ein Frühlingsregen

45

on a mountain lake

for the delight of Penelope the tightrope walker;
He landed on one foot, lost his balance, waved his arms
wildly, and fell off the horse.

He looked at Penelope,

leapt up again,

did a quick entrechat,

and Oscar tossed him the hoop.

He spun it into the air and caught it.

He did a somersault through it

and he thought:

It is like a dark cloud, and I am in it;

it belongs to me,

and it gives me the power

to do these things.

He landed on one foot, lost his balance, waved his arms
wildly and fell off the horse.

Penelope the tightrope walker looked very calm,

Mogador leapt on the horse again.

Oscar frowned and tossed him the hoop.

Mogador threw it into the air and caught it;

leapt up and did a somersault through it.

He thought:

I am a bird and will land like a bird!

He landed on one foot, lost his balance, waved his arms wildly
and fell off the horse.

Now in the Cristiani family, when you fall off three times,

they grab you by one ear

and bend you over,

auf einem Bergsee,

damit Penelope, die Seiltänzerin, ihr Vergnügen daran hat.

Er landete auf einem Fuß, verlor das Gleichgewicht, fuchtelte
wild mit den Armen und fiel vom Pferd.

Er blickte zu Penelope,

sprang wieder auf,

machte schnell einen Entrechat,

und Oskar warf ihm den Reifen zu.

Er wirbelte ihn durch die Luft und fing ihn auf.

Er machte einen Salto durch ihn hindurch

und er dachte:

Es ist wie eine dunkle Wolke, und ich bin darin;

sie gehört zu mir,

sie gibt mir die Kraft,

diese Dinge zu tun.

Er landete auf einem Fuß, verlor das Gleichgewicht, fuchtelte wild
mit den Armen und fiel vom Pferd.

Penelope, die Seiltänzerin, blickte ganz ruhig,

Mogador sprang erneut auf das Pferd.

Oskar blickte missbilligend und warf ihm den Reifen zu.

Mogador schleuderte ihn in die Höhe und fing ihn auf;

er sprang und machte einen Salto durch ihn hindurch.

Er dachte:

Ich bin ein Vogel und will wie ein Vogel landen!

Er landete auf einem Fuß, verlor das Gleichgewicht, fuchtelte wild
mit den Armen

und fiel vom Pferd.

Übrigens: Wenn du in der Cristiani-Zirkusfamilie drei mal
herunterfällst,

packen sie dich an einem Ohr,

ziehen dich krumm,

and one of the brothers

kicks you.

And that is what they did to Mogador.

Then the circus band started playing again.

And Mogador looked at Penelope:

then he looked at the horse and flicked his ear with his hand;

he jumped up on the horse and landed smartly;

he stood up in one leap and caught the hoop;

and then he did a somersault through it.

He didn't think anything.

He just did a somersault –

and landed with two feet on the horse's back.

Then he rode halfway around the ring

and got off with a beautiful scissors leap.

Penelope applauded

and, clasping her hands overhead, shook them

like a boxer,

Mogador looked at her,

then back at the horse,

and with a gesture of two arms he said

it was nothing.

und einer der Brüder
versetzt dir einen Tritt.
Und genau das taten sie nun auch mit Mogador.
Dann setzte die Zirkuskapelle erneut ein.
Mogador blickte zu Penelope,
dann schaute er auf das Pferd und rieb mit der Hand das Ohr;
er sprang auf das Pferd und landete weich;
in einem Satz stellte er sich auf die Füße und fing den Reifen auf,
und dann machte er, durch ihn hindurch, den Salto.
Er dachte gar nichts,
er machte einfach einen Salto –
und landete mit beiden Füßen auf dem Rücken des Pferdes.
Er ritt noch eine halbe Runde durch die Manege
und sprang mit einer vollendeten Schere vom Pferd.
Penelope applaudierte
und wie ein Boxer
schüttelte sie ihre Hände über dem Kopf.
Mogador schaute zu ihr hin,
dann zurück zum Pferd,
und mit einer Geste seiner beiden Arme sagte er:
Das war nichts.

remembering
the city

a million
disparate
moments
make the
whole

(whose city
was this city?
it was
mine)

mine,
because i
could only see
what i was
ready to see

mine

because i
had been coming
toward it
since

(before the
plague ship
first arrived
in port)

ich erinnere mich
an die stadt

aus einer million
unvereinbarer
augenblicke
entsteht das
ganze

(wessen stadt
war diese stadt?
es war
meine)

meine,
weil ich
sehen konnte
was zu sehen
ich bereit war

meine

weil ich
schon immer
zu ihr hin
unterwegs war

(bevor das
pestschiff
erstmals im
hafen anlegte)

before st
lazarus
and mary
magdalene
first
came
ashore

before
ste sarah
greeted
them

before
the phoenicians
landed
on that
shore
to trade
with
gauls

i had
been coming
toward that
city
since
the beginning
of time

bevor sankt
lazarus
und maria
magdalena
an land
kamen

bevor
sankt sara
sie
begrüßte

bevor
die phönizier
an dieser
küste
landeten
um mit
den galliern
handel zu treiben

ich war
auf dem weg
zu dieser
stadt
seit
dem anfang
der zeit

i had
been coming
toward
that city
and singing
that city's
song

ich war
auf dem weg
zu
dieser stadt
und sang bereits
das lied
dieser stadt

the philosophy
of lending

the philosophy
of giving

such a one
i would help

and such a one
i would not

if such a one
wanted two thousand francs
i would lend it to him
or i would not

i would give it to him,
yes: but i would not lend;
i would not expect it back

if i gave it to him
i would not expect him
to repay

(i thank you
for that

i thank you
for saying that

die philosophie
des leihens

die philosophie
des gebens

einem solchen
würde ich helfen

und einem solchen
würde ich nicht

würde einer
zweitausend francs verlangen
würde ich sie ihm leihen
oder nicht

ich würde sie ihm geben
ja: aber ich würde sie nicht leihen;
ich würde sie nicht zurückerwarten

wenn ich sie ihm gäbe
würde ich von ihm nicht erwarten
dass er sie zurückzahlt

(ich danke dir
dafür

ich danke dir
für diese worte

i feel
that if you are here
and behaving thus

it is as though
i were here

you do my work
while i
am away

you are my
vicar
here)

in this town
what i give
i do not expect
to see again

and what i cannot give
i cannot lend

ich merke
wenn du hier bist
und so handelst

ist es als ob
ich hier wäre

du tust mein werk
während ich
abwesend bin

du bist mein
stellvertreter
hier)

was ich in
dieser stadt gebe
das erwarte ich nicht
wieder zu sehen

und was ich nicht geben kann
kann ich nicht leihen

There is no poem, no painting
that will hold on paper or canvas
the look of the three trees
standing in the valley
with their young green leaves.

They are three girls
pouring speech like water
poised and waiting
for their dancing lesson.

They are three girls on tiptoe
with arms uplifted
dancing in the valley's early light.

Es gibt kein Gedicht, kein Bild,
das auf Papier oder Leinwand
den Anblick der drei Bäume festhalten kann,
wie sie im Tal stehen
mit ihren jungen grünen Blättern.

Es sind drei Mädchen,
sie sprudeln ihre Worte wie Wasser,
bereit warten sie
auf ihre Ballettstunde.

Es sind drei Mädchen auf Zehenspitzen,
mit angehobenen Armen
tanzen sie im Frühlicht des Tals.

(to
e
rad
i
cate

the
line

be
tween

sleep
ing

&
wak
ing)

be
tween
liv
ing

in
the
womb
of
night

&
be
ing
born

in
to
day

drop
ping

deep

in
to

the
life
death
con
tin
u
um

whose
oth
er
name

is

be
ing

con
scious

un
con
scious

con
tin
u
um

(auf
he
ben

die
gren
ze

zwi
schen

schla
fen

&
wa
chen)

zwi
schen
dem
le
ben

im
schoß
der
nacht

&
und
der
ge
burt

in
den
tag

in
dem

man
sich
fal
len
lässt

tief

in
das
le
ben
tod
kon
ti
nu
um

sein
an
de
rer
na
me

lau
tet

sein

be
wusst

un
be
wusst

ein

kon
ti
nu
um

which
is
bet
ter

to
be
here
now

or
to
be
there
then
?

-----

the
on
ly
way
to
be

is
to
be
here
now

-----

the
way
to
be
here
now

is
to
be
there
now

-----

to
be
here
now

(there
is
no
there

there
is
no
then)

-----

the
on
ly
way
to
be
(there
then)

is
to
be
here
now

-----

the
way
to
be
there
now

is
to
be
here
now

-----

the
on
ly
way
to
be

is
to
be
now

-----

the
on
ly
there

there
is

is
here

-----

here
on
this
spot

here
on
this
is
land

here
in
this
sea

here
on
this
earth

-----

the
on
ly
place
to
be

is
to
be
here

-----

but
here
has
broad

di
men
sions

here
&
now

-----

here
in
this
sys
tem

here
in
this
un
i
verse

here
in
the
mind
of
God

all
heres
are
here

all
thens
are
now

was   jetzt   die   der
ist   hier   ein   ein
bes   zu   zige   zige
ser   sein   möglichkeit   ort
            zu   zu
jetzt   (es   sein   sein
hier   gibt
zu   kein   ist   ist
sein   dort   jetzt   hier
            zu   zu
oder   es   sein   sein
dann   gibt
dort   kein   -----
zu   dann)
sein   das   doch
?   ein   hier
    -----   zige   hat
        dort   um   alle
die   die   fassende   hiers
ein   ein   das   sind
zige   zige   es   ma   hier
möglichkeit   möglichkeit   gibt   ße
zu   (wirk
sein   lich)   ist   jetzt
    zu   hier   &   alle
ist   sein   hier   danns
jetzt   sind
hier   ist   -----   jetzt
zu   jetzt
sein   hier   hier   hier
    zu   an   in
    sein   diesem   diesem
        ort   welt
-----   all
        hier
jetzt   gegen   auf   hier
hier   wärtig   dieser   in
zu   zu   in   diesem
sein   sein   sel   uni
            ver
        hier   sum
heißt   heißt   in
gegen   jetzt   diesem   hier
wärtig   hier   meer   im
zu   zu   geist
sein   sein   hier   got
        auf   tes
-----   dieser
        erde

(life)
is
not
hol
y

be
cause
it
is

beau
ti
ful

it
is
beau
ti
ful

be
cause
it
is

hol
y

(das
le
ben)
ist
nicht
hei
lig

weil
es
schön
ist

es
ist
schön

weil
es
hei
lig
ist

Byzantine Faces

i won't believe
i'm really
alive

until i'm gladder
to be alive
here now
than to have
been alive
there then

living in greece
i may be
thinking
i am, was,
alive there
then

some byzantine
time
some classical
time

why think
that good?

i should
know better

i think good
any time except
the eighteenth
century

(not too bad)

the nineteenth
century

(bad enough)

or the twentieth

really, i'm
glad to be
alive in the
twentieth

not only glad
to be just
alive

but even to
be alive
just now
right now

gesichter aus byzanz

dass ich
wirklich
am leben
bin
glaube ich
erst

wenn
jetzt hier
zu leben
mich mehr freut
als damals dort
gelebt zu haben

lebte ich
in griechenland
könnte ich denken
ich lebe und lebte
dort und damals

in einer byzantinischen
zeit
in einer klassischen
zeit

warum halte ich sie
für gut?

ich sollte es
besser wissen

ich halte
jede zeit für gut
ausgenommen das
achtzehnte
jahrhundert

(nicht zu schlecht)

das neunzehnte
jahrhundert

(schlecht genug)

oder das zwanzigste

wirklich, ich
freue mich
im zwanzigsten
zu leben

ich freue mich
nicht nur
überhaupt zu leben

sondern
am leben zu sein
gerade jetzt
genau jetzt

yes, but i keep
remembering
a light in the
eyes of certain
figures in
frescoes

certain figures
in mosaics

that made
me wish
i was living
then

as though
living then

were to
live

forever

some life
some liveliness
in the eye
that seemed
eternal

eternally
alive
eternally
infinitely
joyous
& penetrating

(warm with
the warmth
of life

exploding,
even, with
the joy
of life)

yet there
forever

ja, aber ich
erinnere mich an
das licht in den
augen von bestimmten
gestalten auf
fresken

von bestimmten
gestalten auf
mosaiken

das weckt in
mir den wunsch
damals gelebt
zu haben

als ob damals
zu leben
bedeuten würde

immer

zu leben

eine art von leben
von lebendigkeit
in den augen
die ewig
schien

ewig
lebendig
ewig
grenzenlos
freudvoll
& ganz schau

(warm aus
der wärme
des lebens, aus
seiner explodierenden
kraft sogar, mit
der freude
zu leben)

genau dort
für immer

is it
that see
ing them
in some
mu
se
um

seeing
them still
preserved
still
living

made me
envy
their
state

?

not
sure

am
not
sure,
either,
that it
was envy
they gave
me, but
rather a
life

a spark
of living
to keep
alive

wenn ich
sie in
irgend
einem
mu
se
um
sah

bin
nicht
sicher,
ob das
was sie
bei mir
bewirkten
neid war,
eher eine

wenn ich
sie sah
immer noch
erhalten
immer noch
lebendig

lebenskraft

einen
funken leben
um am leben
zu bleiben

ließ mich das
ihren
zustand
beneiden

?

nicht
sicher

the end of the line

gone

as

this

mo
ment

when

it

is

gone

an

up-
to-
the-
min
ute

ap
proach

to

what
ev
er

came

on

endstation

vorbei

wie

dieser

augen
blick

wenn

er

vorbei

ist

eine

mi
nu
ten
ge
naue

an
nä
her
ung

an

was

auch

im
mer

sich

er
eig
net

flow	I'm
flow	not
go	com
	plain
	ing
flow	
flow	it's
go	just
	the
go	
	way
go	
	things
go	
	are
go	
flow	
flow	

fließ	ich
fließ	be
	kla
geh	ge
	mich
fließ	nicht
fließ	
geh	es
	ist
	so
geh	wie
geh	es
geh	ist
geh	
fließ	
fließ	

o.k.

off

we

go

calm

wak
ing

----

e
ver

deep
en
ing

ap
pre
ci
a
tion

of

the

way

things

are

o. k.   ruhig

zeit   und

zu   wach

ge   ---
hen

       die
       wert
       schät
       zung

       wie

       die

       din
       ge

       lau
       fen

       un
       auf
       hör
       lich

       ver
       tie
       fen

ver

word

com

y

less

pas

sion

laid-

con

ate

back

tem

pla

calm

tion

wirk	wort	vol
lich	lose	ler
		mit
ent	kon	leid
spannt	tem	
	pla	ruhig
	tion	

self-
giv
ing

with

dis
cern
ment

a

watch
ful

eye

a

gen
er
ous

heart

self-

sur
rend
er

wake
ful

mind

selbst   ein   sich
hin
ga   wach   er
be   sames   ge
                                 ben

aus   auge

ein
sicht   ganz

                ein   wa
                                 cher

                groß

                zügi   geist
                ges

                herz

the   sleep-   turn
wave-
line   dreams   in

                  &   sleep

of   wak
                  ing   sit

                                  up

sleep   in

&   bed

wak
ing

die

wellen-

linie

von

schlafen

&

wach
sein

schlaf-
träume

&

wach
sein

in

schlaf

fallen

sich

auf

richten

im

bett

no	think	dream
	ing	ing
com		
ment	a	a
	bout	bout
	think	dream
no	ing	ing
words		
or	a	a
	bout	bout
few		
	think	dreams
	ing	

kein   den   träu

                 ken   men

kom

men   übers   vom

tar

                 den   träu

                 ken   men

keine

worte

                 übers   von

oder

                 den   träu

kaum   ken   men

out
er

lob
by

in

the

thea
ter

of

the

mind

thun
der

in

the

sky

qui
et

lis
ten
er

in

the

heart

on-
stage

ac
ro
bat

off-

äuße   don   akro
re   ner   bat

wan   am   auf
del   der
halle   him
              mel   bühne
im

thea
ter   stil   ab!
              ler

des   hö
              rer
gei
stes   im

              her
              zen

some

say

to

shut

them

up

some

say

to

let

them

bab
le

rip
ple

a
long

o

bab
bling

bab
bling

stream

die   plä
tschere

einen

                      wei
sagen   ter

man

solle   o

sie   plap
pern
abstellen   der

die   plap
pern
andern   der

sagen   strom

man

solle

sie

plap
pern

lassen

advice

do

the

job

thor
ough
ly

when

you

don't

know

what

to

do

sing

or

sit

ver
y

qie
et
ly

till

you

know

let

vis
i
tor

feel

at

home

ratschläge

tu

dei
ne

ar
beit

acht
sam

wenn

du

nicht

weißt

was

du

tun

sollst

sing

oder

sitz

ganz

ruhig

bis

du

es

weißt

lass

den

be
su
cher

sich

zu
hause

füh
len

whistle

while

you

work

at

least

if

it

helps

bring

to

and

share

with

eve
ry

liv
ing

be
ing

the

bless
ings

of

peace

joy

and

love

pfei   ver   von
fe   mitt
le   frieden
wäh
rend   je   freude
dem
du   und
lebe
ar   wesen   liebe
bei
test

min   teile
de
stens   mit

wenn   ihm

es

hilft   den

se
gen

turn

the

en
er
gy

to

a

pos
i
tive

end
---
eas
y

as

that

?
---
try
it

what
ev
er

you

do

do

calm
ly
---
tell

that

to

the

wild

wind

I'll

try

richte

die

en
er
gie

aus

auf

ein

po
si
ti
ves

ende
---
so

ein
fach

ist

das
?
---
versuch's

was

im
mer

du

tust

tu

es

ruhig
---
erzähl

das

der

sturm
bö
---
ich
versuch's

don't   try
                   ing

try   to

to   re

say   lax

some   ?
thing

                 re
                 lax

fun
ny

                 you'll

try   get

to   there

say

some
thing

true

wenn

du

sprichst

be
mühe

dich

nicht

um

etwas

lustiges

be
mühe

dich

um

etwas

wahres

ver
suchst

du

zu

ent
spannen

?

ent
spanne

du

wirst

es

er
rei
chen

sit

qui
et
ly

good

thoughts

have

a

chance

to

flour
ish

how

find

wis
dom

?

make

it

your

aim

sitz

in

ruhe

gute

ge
danken

be
kommen

raum

zu

blü
hen

wie

finde

ich

weis
heit

?

mach

sie

dir

zum

ziel

»love

the

whole

world

as

a

moth
er

loves

her

on
ly

child«

The
Buddha

don't

talk

of

their

vic
es

we

all

have

those

let

me

hear

of

their

vir
tues

»liebe sprich von
ihren
die nicht
tu
ganze über genden

welt ihre

wie la
ster
eine

mut
ter wir
alle
ihr
haben
ein
zi wel
ges che

kind
lass
liebt«
mich
---
hören
Buddha

103

life's   take

self-   what

cor   comes
rect
ing

                    give

give   what

it   can

a

chance

das   nimm

le   was
ben
                       kommt
be
rich
tigt
sich   gib

selbst   was

                       du

gib   kannst
ihm

eine

chance

feel   good
ing

                     dreams

right
                     &

                     good
a
bout   di
                     ges
your   tion
self

makes

for

good

health

sich

wohl
fühlen

in

be
zug

auf

das

eigene

selbst

fördert

eine

gute

ge
sundheit

gute

träume

&

eine

gute

ver
dauung

win
ning

the

game

does
n't

mat
ter

play
ing

it

fair

does

don't

play

for

more

than

you

can

af
ford

to

lose

das   spiel

spiel   nicht

zu
ge
win   für
nen

         mehr

darauf
kommt
es   als
nicht
an   du

         dir

es   zu

fair   ver
         lie
zu   ren

spie   leis
len   ten

         kannst

darauf
schon

clar
i
fy

before

turn

you

the

fy

your

put

mind's

scale

your

jun
gle

of

life

val
ues

at

in

risk

to

a

best

long-
term

ask

gar
den

why

work

you

can

do

klä
re

die

skala

deiner

werte

bevor

du

dein

leben

riskierst

mach

aus

dem

dschun
gel

dei
nes

lang
fristig

das

beste

was

du

tun

kannst

frag

nach

dem

wozu

ver
standes

einen

gar
ten

weigh

eve
ry

word

ex
am
ine

each

nu
ance

set

pen

to

pa
per

when

read
y

re
al
ize

your

dream

make

it

come

true

wäge

je
des

wort

über
prüfe

je
de

nu
ance

setz

den

stift

aufs

pa
pier

wenn

du

bereit

bist

rea
li
siere

dei
nen

traum

lass

ihn

wahr

werden

if

all

ab
surd

be

ab
surd

in

a

good

way

if

all

make

sense

you

make

sense

too

wenn	wenn
alles	alle
absurd	sinn
ist	machen
sei	machst
absurd	auch
auf	du
eine	sinn
gute	
art	

wait

wait   the   make   lis
                                                     ten

wait   rhythm   it   lov
                                                       ing

wait   of   a   ly
                                                       to

                      song

act   things   &   the

             ---   it   mu

wait   will   sic

---   be
                        come
                                            slow
                      one   ly

                      ---   joy
                                            ous
                                            ly

                                            join

                                            the

                                            dance

warten

warte	der	mache	höre
warte	rhythmus	daraus	liebe
			voll
warte	der	ein	
		lied	auf
handle	dinge	&	die
	---	es	
			musik
warte		wird	
---		eines	
			lang
		werden	sam
		---	freu
			dig
			schließe
			dich
			an
			dem
			tanz

Die Wachheit des Wartens –
Die spirituellen Themen

Ich habe mich noch nie allzu sehr
um ein Leben nach dem Tod gekümmert.
Aber da Gott unendlich ist, ist es vielleicht auch die Reise zu ihm,
tatsächlich eine nie endende Reise durch ihn hindurch,
ein ewiger Fluss eines zunehmenden Bewusstseins,
zumindest von unserer Seite.[19]

ROBERT LAX

Die Gedichte, die ich für dieses Buch ausgewählt habe, stammen aus verschiedenen Lebensphasen. Die frühesten gehören zum Gedichtzyklus *Circus of the Sun;* sie sind Ende der Vierzigerjahre geschrieben worden, im Anschluss an die Tournee mit dem Cristiani Family Circus. Robert Lax war damals 35 Jahre alt. Die neuesten stammen aus den letzten beiden Lebensjahren; diese vertikalen Altersnotizen – Sigrid Hauff hat sie für die Ausstellung im Museum Tinguely, Basel, bzw. für deren Katalog unter dem Titel *acrobat off* aus dem Nachlass zusammengestellt – sind Beispiele für Lax' unermüdliche, wache Auseinandersetzung mit den Ereignissen, die als äußeres Leben auf ihn zukamen, aber auch mit dem inneren Fluss seiner Gedanken, Gefühle und Stimmungen.

In der Auswahl fehlen jene Gedichte, für die Robert Lax in den europäischen Kreisen der konkreten Lyrik anerkannt und gefeiert wurde,

Gedichte, in denen er einen aufs äußerste reduzierten Wortschatz variierte, die Wörter auf ihren Klang und ihren bildhaften Charakter zurückführte.[20]

Präsenz oder: Wenn das Ich nicht mehr dazwischen tritt

Viele Themen begleiten Robert Lax ein Leben lang, etwa die Frage nach der richtigen Mischung von Aktivität und Passivität, von Anstrengung und Entspannung, das Thema der spirituellen Gestaltung des Alltags, das Thema der Hingabe. Diese Themen verlieren im Laufe der Jahre nichts von ihrer Dringlichkeit. Sie sind auch in seinen Altersnotizen gegenwärtig: In prägnanter Kürze greift er sie wieder und wieder auf, z. B. im Spiel mit den beiden Wörtern »fließen« und »gehen« (s. S. 77).

Beides ist wichtig, so seine Überzeugung: eine Haltung, die auf den ersten Blick passiv wirkt, und die aktive Gestaltung des Lebens – ein Wahrnehmen, ein Mitgehen mit dem Wahrgenommenen, ein Sich-Überlassen auf der einen, aber auch die verantworteten eigenen Schritte auf der anderen Seite. Aktivität geschieht, spirituell gesehen, auf der Basis des Wahrgenommenen, als Antwort auf das Wahrgenommene.

Die Betonung, die Robert Lax auf die Wahrnehmung legt, ist ein Ausdruck seines Vertrauens. Das Leben, so wie es auf uns Menschen zufließt, auf uns trifft, ist etwas Heiliges (s. S. 67). Es braucht nicht angegangen und schon gar nicht verändert zu werden. Doch wenn wir uns dem Leben anvertrauen, besitzt es für uns die Kraft, die jeweils notwendige Lebensenergie zu wecken. Es sind die Eigenprogramme – die Vorstelllungen, Ideale, Wünsche, Ängste –, die uns daran hindern, diese Kraft wahrzunehmen, die im vorgegebenen Leben schon zur Verfügung steht. Deshalb ist es notwendig, den

119

eigenen Wünschen und Ängsten auf die Spur zu kommen. Diese Eigenprogramme lassen uns mit Verzögerung und Verschiebung auf das Leben reagieren; wir wiederholen angstgeprägte Reaktionen oder projizieren Wünsche auf unpassende Situationen; dadurch verpassen wir das Leben. Dem steht gegenüber:

> eine minutengenaue annäherung an was auch immer sich ereignet (s. S. 75)

In seinen Altersnotizen umkreist Robert Lax immer wieder diesen Spannungsbogen von vertrauensvoller Hingabe und bewusster Gestaltung; Spiritualität lässt sich nicht auf einen der beiden Pole reduzieren, sie entsteht im Wechselspiel von Passivität und Aktivität:

> ruhig und wach // die wertschätzung wie die dinge laufen unaufhörlich vertiefen (s. S. 79)

> sich ergeben // ganz wacher geist (s. S. 83)

> nimm was kommt // gib was du kannst (s. S. 105).

Wahrnehmung ist immer sinnlich: Was als Leben auf Robert Lax zufließt, ist für ihn von einem Rhythmus, von einer Melodie geprägt. Das Leben wahrzunehmen bedeutet deshalb, den Rhythmus und die Melodie zu hören, sich auf den Rhythmus einzulassen und sich die entsprechende Melodie zu eigen zu machen. – Das eigene Singen oder Pfeifen kann zu einem Erspüren der verborgenen Lebensmelodie werden (s. S. 95).

warten, die als letztes Gedicht abgedruckte Folge von Notizen (s. S. 117), macht es deutlich: Aus dem Warten und Wahrnehmen entsteht das Handeln. Bildhaft gesprochen: Der Grundrhythmus ist vorgegeben, es ist an uns, ihn aufzunehmen und, aufbauend auf ihm, unser Lied entstehen zu lassen; das eigene Lied und die Lieder der anderen bilden gemeinsam die Musik, die zum Tanz einlädt.

Durch diese sinnlichen Bilder von Rhythmus, Melodie, Lied und Tanz löst sich Robert Lax von der Vorstellung, dass eine Wortbotschaft, eine ewige Wahrheit inhaltlicher Art, unser Leben bestimmt und, unter Umständen, zu einem moralischen Druck werden kann. Es wird dem Menschen nicht abverlangt, ein – für immer – vorgegebenes Ideal zu verwirklichen. Es ist vielmehr die wache Hingabe, die zählt:

wortlose / / kontemplation (s. S. 81)

kein kommentar / / keine worte oder kaum (s. S. 87)

Gnade oder: Wenn Vollendung Geschenk ist

Die Worte »versuchen« und »bemühen« kommen in den Altersnotizen recht häufig vor. Wichtige Worte, denn sie setzen ein Signal: Robert Lax stellt sich nicht vor, dass alles gelingt, alles gelingen muss. Es geht für Lax in der Spiritualität nicht um etwas Abgeschlossenes, Vollendetes. Es geht vielmehr darum, dem jeweiligen Augenblick zu entsprechen. Die im einen Augenblick erreichte »Vollendung« ist für den nächsten Augenblick nur ein Hindernis, denn sie wird zur Gefahr, die einmal erreichte Vollendung zu reproduzieren statt stets neu, aus dem Augenblick heraus, zu reagieren. Zudem ist das Gelingen des einen Augenblicks keine Garantie für das Gelingen des nächsten Augenblicks; dies dem Leben abzufordern, würde heißen, sich und das Leben zu überfordern.

Die Stichworte »versuchen« und »bemühen«, gelesen auch als Teil des persönlichen Selbstgesprächs, bringen zum Ausdruck, wie sehr

121

Robert Lax mit den eigenen Möglichkeiten und Grenzen versöhnt war. Sie variieren aber auch ein Thema, das ihm bereits bei den Zirkusgedichten wichtig war: Die Artisten zeichneten sich in seinen Augen ja dadurch aus, dass sie unermüdlich übten und trainierten, dass die vollendete Darbietung aber immer über das Antrainierte hinausging: Sie war ein Geschenk des Augenblicks. Im Gedicht *Penelope und Mogador* (s. S. 45) benützt Robert Lax biblische Bilder, um die unverfügbare Gnade dieses Geschenks auszudrücken: »Wind« und »dunkle Wolke« hüllen Mogador ein und ermöglichen seine Kunststücke auf dem Pferderücken.

Diese Spannung, der sich die Zirkusartisten ein Leben lang aussetzen, die Spannung zwischen harter Schulung und spielerisch leichter Präsentation, macht sie zu Vorbildern für die Gestaltung des menschlichen Lebens. So sind im Gedicht, in dem Robert Lax die Ankunft des Zirkus in der Nacht und den Aufbau des Zeltes am frühen Morgen als aktualisierte Schöpfungsgeschichte erzählt, die Akrobaten die Menschen schlechthin:

> Wir erkannten die Erschaffung des // Firmaments und des Wassers und des trockenen Landes und der // Geschöpfe, die sich in der Tiefe des Meeres bewegten, und der Geschöpfe, // die sich auf dem Land bewegten, und die Erschaffung der // Menschen: das Erwachen der Akrobaten. (s. S. 43)

Noch im Alter sieht sich Robert Lax selbst als Teil der großen Familie der Zirkusartisten – angesichts des nahen Lebensendes fordert er sich allerdings auf, nun seinen Abgang ins Auge zu fassen:

> akrobat auf der bühne // ab! (s. S. 89)

Dem »versuchen« und »bemühen« steht allem Anschein nach die erste Notiz der *Ratschläge* entgegen:

tu deine arbeit // achtsam (s. S. 93)

Es ist schwierig, das englische Wort *thoroughly* wiederzugeben. Denn in diesem Wort schwingen verschiedene Nuancen mit: Gründlichkeit, Genauigkeit, Vollendung, Echtheit; am nächsten kommt ihm die Vorstellung der Hingabe, der Achtsamkeit. Das Wort »achtsam« steht also nicht dem »versuchen« entgegen, es deutet vielmehr die Intensität der Hingabe an, mit der etwas vollzogen wird. Voller Hingabe gelebt, kann uns jede Arbeit, wie alles, was uns zugemutet wird, Erfüllung schenken.

Was »versuchen« und »bemühen« inhaltlich zum Ausdruck bringen, wird durch die literarische Form der späten Notizen unterstützt. Ihre Sprache ist so stark reduziert, dass es oft nicht mehr auszumachen ist: Spricht Robert Lax in Infinitiven oder Imperativen? Notiert er sich eine Möglichkeit? Gibt er sich einen Impuls? Spricht er mit sich selbst? Wendet er sich jemand anderem zu, um eine Einsicht weiterzugeben?

Verbundenheit oder: Wenn Abgrenzungen hinfällig werden

Robert Lax ist schon früh und immer wieder mit zentralen Vorstellungen der hinduistischen, buddhistischen und taoistischen Spiritualität in Berührung gekommen, durch seinen Onkel Henry Hotchener, den indischen Mönch Brahmachari und die Studien seines Freundes Thomas Merton über buddhistische und taoistische Lehrer. Zum Teil hat er diese Vorstellungen als selbstverständlich übernommen bzw. als die eigenen entdeckt – wie die eben dargestellten Themen dies nahelegen, etwa: dass auf dem spirituellen Weg als erstes die Mechanismen des Bewusstseins geklärt werden müssen, dass dann im Rahmen dieser Klärung jene bewussten und nichtbewussten Reaktionsschemata deutlich werden, die zur Vorstellung einer Ich-Struktur führen, einer Vorstellung, die aber nicht zwingend ist, dass schließlich das Leben in seiner Vielfalt, Widersprüchlichkeit und Kraft durch moralische Kriterien nicht erfasst werden kann.

Ein Thema, das er ebenfalls den östlichen Spiritualitäten verdankt und das ihn bis in seine letzten Lebensjahre fasziniert hat, ist der abrupte oder fließende Übergang vom Wachbewusstsein in den Schlaf und vom Schlaf bzw. Traum ins Tagesbewusstsein. In welcher dieser Bewusstseinsformen ist der Mensch wirklich vorhanden, ist er tatsächlich er selbst? Ist die Meditation eine Möglichkeit, dem Schlafbewusstsein wach zu begegnen? Ist das, was wir von einem alltäglichen Bewusstsein aus gesehen als Wachheit empfinden, bereits Wachheit, oder wird jede Wachheit, die wir erlangen, durch die nächste Stufe der Wachheit wieder zum Schlaf gestempelt? Können wir überhaupt entscheiden, was wirklich Schlaf und wirklich Wachheit ist?

die wellenlinie // von // schlafen & wach sein (s. S. 85)

denken übers denken // übers denken (s. S. 87)

träumen vom träumen // von träumen (s. S. 87)

Ich glaube, Träume sind Leuchttürme im gemeinsamen Meer des Bewusstseins. Vielleicht sind wir sogar wacher, wenn wir schlafen! Träume scheinen so etwas wie Lichtpfade zu sein, wie Sterne zur Orientierung.
Vielleicht ist die Menschheit ein großer träumender Organismus. Während wir alle in unsere eigenen besonderen Träume eingebunden sind, sind wir doch zusammen Teil

eines großen fließenden Traumes, der im Himmel endet und anfängt.[21]

(aufheben die grenze zwischen schlafen & wachen) // zwischen dem leben im schoß der nacht & der geburt in den tag // indem man sich fallen lässt tief in das lebentodkontinuum // sein anderer name lautet sein // bewusst unbewusst ein kontinuum (s. S. 63)

Die Aufhebung dieser Grenze, das neue Bewusstsein, erlaubt die Auflösung der Angst vor dem Tod. Der Mensch ist sterblich – dies ist aber nur innerhalb des sterblichen Bewusstseins ein Grund zur Angst. Wem es gelingt, wem es geschenkt wird, wirklich im Hier und Jetzt zu leben, erfährt im räumlich und zeitlich begrenzten Geschehen die »umfassenden maße« des »jetzt & hier«:

hier an diesem ort / hier auf dieser insel / hier in diesem meer / hier auf dieser erde // hier in diesem weltall / hier in diesem universum / hier im geist gottes (s. S. 65)

Hingabe oder: Wenn die Melodie des Lebens aufgeht

Marseille war die Stadt, die Robert Lax am stärksten beeindruckt und immer wieder angezogen hat:

Erst mochte ich sie nicht. Aber das ganze Durcheinander, das ich in meinen jungen Jahren erlebte, Veränderungen auch mit meinen Versuchen, ein einfacheres Leben zu führen, das traf ich dann in Marseille.

Das ist nicht ungewöhnlich, dass jemand bewusst oder unbewusst eine Umgebung aufsucht, die wie eine Erweiterung des eigenen inneren Seins erscheint, besonders, wenn man vorhat, gründlich nachzudenken oder etwas zu erschaffen. Unausweichlich finden wir dann den Ort, der der richtige für uns ist, an dem unsere eigene Natur sich mit unserer Umgebung harmonisch zusammenfügt.[22]

Lax kam zu Beginn der 1950er-Jahre aus beruflichen Gründen nach Marseille. Diese Stadt ließ wie kein anderer Ort seine Sehnsucht wach werden, als einfacher Mensch unter einfachen Menschen zu leben. In *Port City. Die Tagebücher aus Marseille*[23] sind einige Texte aus dieser Zeit veröffentlicht worden, zwei von ihnen sind in diesem Buch abgedruckt.

Im Text *die philosophie / des leihens* deckt Robert Lax auf, wie sehr die Vorstellung des Leihens von einem Geben und Nehmen ausgeht, von einem Austausch unter mehr oder weniger gleich starken Personen. Diese »Philosophie« ist dort nicht mehr gültig, wo es um die wirklich Armen geht. Ihnen gegenüber ist nur die radikale Teilung des Besitzes möglich, ohne die Erwartung, von ihnen irgendetwas zurückzubekommen.

Was ihm als die einzig richtige Haltung angesichts der Armut in dieser Welt bewusst wird, rechtfertigt er sich selbst gegenüber, indem er sich sein eigenes Handeln durch Worte bestätigt, die er Gott oder Jesus in den Mund legt: Er weiß sich gewissermaßen als Jesu Stellvertreter:

wenn du hier bist
und so handelst

ist es als ob
ich hier wäre

du tust mein werk (s. S. 59)

Schon vor seiner Konversion war Lax die Haltung des Teilens vertraut gewesen, und zwar durch das Beispiel seiner Eltern und das Beispiel der franziskanischen Mönche, die in der Nachbarschaft lebten. Er versuchte diese Haltung zu realisieren, etwa durch seine Einsätze im Friendship House oder eben durch seine Experimente in Marseille. Nicht ohne Humor schildert er in seinen *Tagebüchern aus Marseille,* dass er sich gestrandeter Menschen annahm, aber an den Umständen oder an der eigenen Ungeschicklichkeit scheiterte: Ihm selbst ging das Geld aus, und er war auf die Gastfreundschaft dieser Menschen angewiesen. Erst auf den griechischen Inseln gelang es ihm, den angestrebten einfachen und armen Lebensstil zu verwirklichen.

Das Gedicht *ich erinnere mich* bringt zum Ausdruck, wie sehr das in Marseille Erlebte für ihn zu einer spirituellen Erfahrung wurde: Er war in dieser Stadt so bewusst angekommen und so intensiv von ihr empfangen worden, als ob sein ganzes Leben schon immer auf die Ankunft in Marseille ausgerichtet gewesen wäre. Ja, er wagt sogar die Aussage, dass nicht nur er auf die Stadt, sondern auch die Stadt auf ihn hingeführt wurde. In ihr anzukommen war wie eine Erinnerung. Die Melodie, der Rhythmus, das Lied dieser Stadt klang in seinem Herzen »seit dem anfang der zeit«:

> ich war
> auf dem weg
> zu
> dieser stadt
> seit
> dem anfang
> der zeit (s. S. 53)

Um die Bedeutung der Stadt und seiner Ankunft in dieser Stadt hervorzuheben, bemüht er im Gedicht die Legenden des christlichen Mittelalters; diese verklären die Geschichte Marseilles und der Umgebung der Stadt, indem sie sie mit zentralen Gestalten der christlichen Bibel verknüpfen. Es handelt sich um die drei Geschwister Lazarus, Marta und Maria aus Bethanien.

In der Legende – und damit auch im Gedicht von Robert Lax – wird allerdings der von Jesus in Bethanien auferweckte Lazarus[24] mit dem leprakranken Lazarus[25], der Figur in einer von Jesus erzählten Geschichte, gleichgesetzt; deshalb im Gedicht der Hinweis auf das Pestschiff. Ebenso werden Maria von Bethanien und Maria Magdalena zu einer Person verwoben, während sie in der heutigen Exegese als je eigene Persönlichkeiten wahrgenommen werden. Die im Gedicht erwähnte Sara gehört zum sogenannten Legendenkreis der drei Marien und Sara, der den Wallfahrtsort Saintes-Maries-de-la-Mer berühmt gemacht hat: Maria Kleophas, Maria Salome und Maria Magdalena finden sich in den biblischen Passions- und Auferstehungsberichten[26]; wie die drei Geschwister aus Bethanien sind die drei Frauen der Legende nach vor den Verfolgungen geflohen bzw. durch die Verfolger auf einem Floß auf dem Meer ausgesetzt worden und in Marseille, gerettet durch Sara, wunderbarerweise an Land gekommen.

Das Gedicht *ich erinnere mich* gestaltet die Überzeugung von Robert Lax, dass jeder Mensch in einem göttlichen Plan, in einem göttlichen Traum geborgen ist. Es sind die äußeren und inneren Begebenheiten, die einen Menschen zu seinem Ort führen; je wacher und bewusster er lebt, desto aktiver kann er auf diese Führung eingehen und desto größer wird die Freude bei der Ankunft: Das Lied des Ortes klingt in seiner Biografie nicht nur dumpf auf, er kann es nun als sein eigenes Lied singen.

Wie kann es anders sein: In dem ärmlichen Hotel in Marseilles Hafenviertel, in dem Robert Lax sich niedergelassen hatte, hing an der Wand seines Zimmers ein ausgebleichter Druck, der den Ort wiedergab, an dem Johannes jene Visionen empfangen hatte, die er in seiner *Apokalypse* gestaltete, einen Ort auf der Insel Patmos, auf der Lax seine letzten Lebensjahre verbringen sollte. Marseille: ein Ort, der ihn ankommen lässt und zugleich weiterweist.

> In Marseille hatte ich an der Wand ein Bild von Johannes dem Seher, wie er die Apokalypse schreibt. Das Original des Bildes stammt aus einer Handschrift aus dem 15. Jahrhundert. Und weil Johannes auf diesem Bild schreibt, kam ich auf die Idee, dass Patmos ein guter Platz zum Schreiben und Meditieren sein könnte. Und Patmos war dann eine Liebe auf den ersten Blick.[27]

Lebensenergie oder: Wenn die eigene Geschichte bejaht wird

Müsste ein Ausdruck gefunden werden, der die verschiedenen Aspekte von Robert Lax' spirituellem Grundvertrauen zusammenfasst, dann wäre es Präsenz. Das Gedicht *was ist besser* (s. S. 65) thematisiert diese Präsenz mit verschiedenen Überlegungen, aber auch mit der Logik von Wortspielen, die im Deutschen nur schwer wiedergegeben werden kann.

Es gehört zum Reichtum des menschlichen Bewusstseins, dass wir uns verschiedene Zeit- und Ortsebenen aufbauen können. Während wir auf einem Stuhl in der Küche sitzen, können wir uns gedanklich und emotional wegbewegen, beispielsweise zu einem geliebten Menschen, der ganz woanders wohnt, oder zu einem Ort, der für unsere Biografie Bedeutung besitzt, oder zu einem Ferienziel, das, lang ersehnt, nun in der kommenden Woche auf uns zukommt …

Während jemand zu uns spricht, können wir uns aus seinen Worten wegbewegen, beispielsweise hin zu jenen Worten, die wir selbst diesem unserem Gegenüber gerne sagen würden, oder hin zu Worten, die wir am Vortag von einem Freund gehört haben, oder hin zu einem Fernsehprogramm, das wir uns anschauen möchten und das wir nun verpassen, weil wir zuhören müssen …

Mit anderen Worten: Diese bereichernde Möglichkeit des Bewusstseins kann uns tendenziell zur Gefahr werden. Aus Situationen, die für uns unangenehm sind und denen wir uns nicht stellen wollen, stehlen wir uns davon. Oder allgemeiner gesagt: Wir wechseln so selbstverständlich und kontinuierlich die verschiedenen Ebenen der Zeit, dass wir Gefahr laufen, die Chance und die Kraft des jeweiligen Augenblicks in der realen Zeit zu verpassen. Wir waren nicht da, wir waren eben woanders, wir investierten uns nicht in die Situation, sodass das Geschehen uns gar nicht antraf bzw. traf. Oder, um einen Ausdruck zu benutzen, der heute in der Arbeitswelt häufig eingesetzt wird: Wir waren so gekonnt vernetzt, dass wir selbst nirgends mehr vorkamen.

Dieser Tendenz stellt Robert Lax die Gegenwärtigkeit entgegen. Es ist seine Überzeugung, dass sich jede Situation, jeder Augenblick, jede Begegnung, jede Aufgabe lohnt, ganz in ihr zu verweilen. Die Präsenz im jeweiligen Augenblick schafft den Zugang zur Kraft dieses Augenblicks; nur durch die Präsenz entsteht jener Dialog mit der Gegenwart, der in den Texten von Robert Lax immer wieder mitschwingt und ihnen Wärme schenkt.

Ganz gegenwärtig zu sein besitzt durchaus einen umfassenden Horizont, dies verdeutlich der Schluss des Gedichts *was ist besser*. Dass sich für Robert Lax diese Maße, diese Dimensionen der Präsenz, erschlossen haben, mag daher kommen, dass er immer wieder darum rang, den einzelnen Augenblick, sich selbst in diesem Augenblick, in größeren Zusammenhängen zu sehen. Woher kam der gegenwärtige Augenblick? Wo wurzelte er? In welcher Bewegung war er geborgen? Von welchem Rhythmus wurde er getragen?

Diesen Fragen kann sich nach Robert Lax nur jemand wirklich widmen, der die eigene Person loszulassen wagt: Die Welt kreist dann nicht mehr um die eigene Person, weder um das Ego noch um irgendein göttliches Selbst im Bewusstsein der Person. Die Person erfährt sich vielmehr als Teil einer Bewegung, eines Flusses.

> Lass also einfach den Fluss fließen, so gut du kannst. Lass es fließen! Und das führt dich dann genau dazu, dass du die Sachen schon richtig machen wirst. Du wirst dann das ganze Meer in den Blick bekommen und dich nicht nur auf die Wellen konzentrieren, die dich gerade hin- und herschaukeln. Wenn du das einmal erreicht hast, dann wird auch die alte Vorstellung des »Selbst« zu verschwinden beginnen. Du bist empfänglich, wach, offen, in der Gegenwart. Du machst dir keine Sorgen darum, dass du ausgelöscht werden könntest.[28]

Die drei Teile des Gedichts *gesichter aus byzanz* variieren das Thema der Präsenz.

> dass ich
> wirklich
> am leben
> bin
> glaube ich
> erst

wenn

jetzt hier

zu leben

mich mehr freut

als damals dort

gelebt zu haben (s. S. 69)

Robert Lax greift in diesem Gedicht ein Erlebnis auf, das ihm aus der Zeit seiner Reisen in Europa und natürlich seit seiner Niederlassung in Griechenland vertraut war: den Anblick von alten Fresken und Mosaiken. Die kraftvollen Gestalten, die diese Kunstwerke prägen, können den Menschen verlocken, sich wegzuwünschen: in eine andere Kultur, eine andere Epoche. Beispielsweise in eine Zeit, in der ausschließlich das Christentum tonangebend war, in der alle Künstler darum rangen, zentrale Glaubenswahrheiten zu gestalten, und in der die Werte – allem Anschein nach – für alle klar waren.

Robert Lax lenkt die Aufmerksamkeit auf die Augen dieser Gestalten. Von welcher Erfahrung geben sie Zeugnis? Und handelt es sich bei dieser Erfahrung um eine Erfahrung, die nur damals, eben früher, möglich war, oder kann sie sich auch heute einstellen? Neid – so Lax' Antwort – wäre der erste Schritt aus der eigenen Gegenwart heraus, hinein in eine mehr oder weniger fiktive Vergangenheit. Lässt er aber den glutvollen Blick dieser Gestalten tatsächlich auf sich wirken, so bleibt ihm nichts anderes, als sich voller Hingabe dem Leben, seinem Leben, zu widmen. Denn die Erfahrung, um die es geht, ist nicht eine Erfahrung, die der Vergangenheit vorbehalten war. Sie ist eine Erfahrung der Präsenz,

eine minutengenaue annäherung an was auch immer sich ereignet (s. S. 75)

132

Oder wie es am Schluss von *gesichter aus byzanz* heißt:

> eher eine
> lebenskraft
>
> einen
> funken leben
> um am leben
> zu bleiben (s. S. 73)

So wie Robert Lax es für unnötig hält, eine bestimmte geschichtliche Epoche zu verherrlichen und ihre Werte und Vorstellungen als für spirituelle Erfahrungen maßgebend vorzugeben, so stellt er keine bestimmte spirituelle Schulung in den Mittelpunkt. Spiritualität hat nichts mit einem wertenden, ja abwertenden und konkurrierenden Verhalten zu tun, bei dem Methoden gegeneinander ausgespielt werden; Robert Lax verfügt zwar über eine eigene spirituelle Praxis, aber die lässt sich nicht übertragen. Ausschlaggebend ist für ihn immer wieder der vertrauensvolle Umgang mit dem alltäglichen Geschehen, entscheidend die Vertiefung dieses Vertrauens.

> das leben berichtigt sich selbst // gib ihm eine chance
> (s. S. 105)

> die wertschätzung wie die dinge laufen unaufhörlich vertiefen (s. S. 79)

> Halte einen Augenblick inne und schau, wie ein Bauer sich um sein Getreide kümmert. Wirf einen Blick auf den Fischer, der seine Netze richtet. Beobachte die Schiffe, wie sie segeln. Schau, wie der Wind bläst, wie sich die Vögel mit ihm im Himmel bewegen.

Das ist die einfache Lebenserfahrung, und darauf zielt auch letztlich diese ganze esoterische Weisheit. Es ist vollkommen alltäglich. Du findest das alles in deinem eigenen Hinterhof, jenem stillen Ort, an dem vor langer Zeit einmal aus einem Samen ein Garten wurde. Und wenn einige bis zum Ende der Welt gehen müssen, um Erkenntnis zu finden, dann lass sie gehen, sage ich. Es ist einfach gut, in Bewegung zu bleiben.[29]

Erfüllung oder: Wenn der Anfang um das Ende weiß

Robert Lax hat mit seinem 1949 zum großen Teil geschriebenen und 1959 veröffentlichten Gedichtband *Circus of the Sun* literarische Anerkennung gefunden; die Anerkennung galt vor allem der lyrischen Sprache und der Umsetzung der Bildwelt: Zirkuserfahrungen werden zu Metaphern, die menschliches Ringen und Geschehnisse sinnenhaft und sinnvoll verdeutlichen. Die ersten vier hier abgedruckten Gedichte stammen aus diesem Gedichtband. – Gedanken zum ersten Gedicht sollen die Skizze der Spiritualität abschließen.

Manchmal begeben wir uns auf eine Suche
und wissen gar nicht, wonach wir Ausschau halten,
bis wir wieder zu unserem Anfang kommen.

Robert Lax setzt in diesem Gedicht recht allgemein gehaltene, offene Formulierungen ein – sich auf eine Suche begeben, Ausschau halten, wieder zum Anfang (zurück)kommen –, die unterschiedlich mit Bedeutung gefüllt werden können, sei es aus unserer eigenen Perspektive, sei es aus der biografischen oder philosophischen Perspektive von Lax selbst.

Grundsätzlich weist das Gedicht darauf hin, dass unsere Lebensgeschichte eine Art Suchbewegung darstellt, wobei der Grund bzw. das Ziel der Suche uns gar nicht bewusst sein muss. Ein Zugang zum Grund bzw. zum Ziel der Suche liegt oft am Anfang der Lebensgeschichte oder am Anfang einer bestimmten Phase der Lebensgeschichte. Dies versteht Robert Lax nicht in einem ursächlichen Sinn, als ob der Anfang die Suche und das Ziel dieser Suche auslösen würde. Er betont vielmehr: Im Anfang ist das, wonach wir Ausschau halten, schon vorhanden. Die ganze Suche vollzieht sich deshalb in einer großen Geborgenheit. Anfang und Ende fallen zusammen, und doch gilt es, die Suchstrecke zwischen Anfang und Ende abzuschreiten. Den Anfang vor Augen finden wir die Erfüllung.

In mehreren Interviews hat Robert Lax darauf hingewiesen, wie wichtig ihm als Junge in Olean die jährliche Wiederkehr des Zirkus gewesen war. – Ist dieses Gedicht zu Beginn des Zirkusbuches als ein Hinweis zu lesen, wie sehr er während der Tournee mit dem Cristiani Family Circus an eine ganz alte Sehnsucht seiner Kindheit rührte, dass die poetische Darstellung der Zirkuswelt nur deshalb möglich war, weil sie eine seiner ganz ursprünglichen Freuden wiederbelebt hatte?

Eine weitere Lesart des Gedichtes: Bevor Robert Lax 1943 konvertierte, ging er intensiv der jüdischen Tradition nach, las die Tora und setzte sich mit der kabbalistischen Überlieferung auseinander. Aus dieser Zeit, aber auch aus den Jahren nach der Konversion waren ihm die biblischen Schriften vertraut. So lässt sich hinter dem Wort »Anfang« auch eine Anspielung an das erste Wort der Tora vermuten. Die hebräische Bibel setzt ja mit dem Schöpfungsgedicht ein, das die Welt in sechs Tagen entstehen und Gott am siebten Tag von allem Wirken ruhen lässt: Im Anfang schuf Gott … Die einzelnen Schöpfungstage enden in diesem Gedicht jeweils mit der refrainartigen Wendung »Gott sah, dass es gut war«.

Ist diese Vermutung wahrscheinlich, so lädt Robert Lax sich selbst und uns als Leser und Leserinnen ein, den Anfang der eigenen Lebensgeschichte nicht in den sichtbaren und überprüfbaren Anfängen festzumachen: in den Prägungen durch die Eltern, Lehrer und Lehrerinnen und die Umgebung, in den eigenen Sehnsüchten und Plänen; das greift für ihn zu kurz. Der wirkliche und immer wieder neu zu entdeckende Anfang liegt, so das Gedicht, im schöpferischen Ja Gottes zu unserem Leben. Die Suchbewegung des eigenen Lebens lässt sich nur im Licht dieses Ja verstehen, durch die Rückkehr zu diesem Ja, durch den Neubeginn aus diesem Ja.

Dass das Gedicht *Manchmal begeben wir uns auf eine Suche* von diesem Tora-Bezug her gelesen werden kann, legt sich auch durch die spirituelle Haltung nahe, die in der jüdischen Tradition mit dem hebräischen Wort *Teschuwa* (wörtlich: Rückkehr, Umkehr) ausgedrückt wird, eine Haltung, die im Zusammenhang mit dem jüdischen Neujahrsfest in den Vordergrund rückt: Neubeginn als Umkehr, »Umkehr zu dem Menschen, als der man gemeint ist, Umkehr als Heimkehr, Umkehr als Rückkehr zum Ursprung«[30]:

> Teschuwa ist der Wille, zu Gott zurückzukehren, heimzukehren, zum eigenen Urgrund zurückzugehen. [...]
> Teschuwa ist voller Glück. Sie ist die Erfüllung der Seele und vielleicht sogar ihre Vergöttlichung. [...]
> Teschuwa ist das Leichteste in der Welt: Alles, was nötig ist, den Prozess der Teschuwa in Gang zu setzen, ist der Gedanke, dass sie geschieht.[31]

Rabbi Abraham Isaak Kook, ein jüdischer Mystiker, betont im Hinblick auf *Teschuwa:*

Heimkommen ist in Wahrheit der Versuch, zum eigenen Ursprungszustand zurückzukehren, zur Quelle des Lebens und des höheren Seins in all seiner Fülle, ohne Beschränkung und ohne Nachlassen, in höchster Spiritualität, erleuchtet von dem ersten strahlenden göttlichen Licht.[32]

Die Vorstellung, dass im Anfang schon alles vorhanden ist, dem Leben etwas Kreisendes innewohnt, es immer wieder um eine Rückkehr zum schon Vertrauten geht, lässt eine tragische Weltsicht nicht aufkommen. Das Leben ist nicht Kampf um etwas, sondern Entfaltung des schon Vorhandenen.

Dieses Grundvertrauen scheint Robert Lax gelebt zu haben, in seinen Texten und seinen Gesprächen war es gegenwärtig. Es gehörte zu den Prägungen, die er aus seinem jüdischen Elternhaus mitbrachte, es half ihm, bei seiner Konversion – und bei der Begegnung mit östlichen Traditionen – jenen Elementen der spirituellen Lehre und Praxis den Vorrang zu geben, die zu diesem Grundvertrauen passten. Das Grundvertrauen, eine intuitive innere Sicherheit, beseelte nicht nur den alten Robert Lax, sondern schon den jungen Studenten und Künstler, als sein Leben äußerlich noch gar nicht das Leben eines »Weisen« war, als sich Aufbrüche und Abstürze, neue Wege und Sackgassen aneinanderreihten. Ein Tagebucheintrag von Thomas Merton legt dies nahe. Thomas Merton notiert sich am 29. Oktober 1939, vier Jahre vor der Konversion von Robert Lax:

Wenn ich sagte, für jemanden, dem Trinken, Frauen, Vergnügen und Karriere etwas bedeuteten, sei es hart, Gott zu lieben und sogar zu ihm zu beten, sagte Lax, eigentlich sollte nichts hart sein. Das ist natürlich wahr; er meinte, und ich war seiner Meinung, dass wir von der Gottesliebe so erfüllt sein sollten, dass wir nicht länger an diesen Vergnügen hingen, so dass es auch nicht länger mehr *hart* war, sie aufzugeben. [...] Wir alle sind schwach, selbstsüchtig und hochmütig, und wir alle tragen die Last von Adams Sünde. Doch Lax hält nichts von der Lehre der Erbsünde. Er betrachtet die Liebe Gottes als etwas Einfaches und Selbstverständliches, ebenso Christus und ebenso den größten Sünder, den Unglücklichsten von allen. So ist es mühelos, das ist klar.[33]

Das Grundvertrauen scheint Robert Lax befähigt zu haben, die eigene Person zurückzunehmen. Es verlangte ihn nicht einmal nach der Eigenständigkeit des Sünders ... Die eigene Person ging auf in den Lebensbewegungen, im göttlichen Spiel, in einer Leichtigkeit, die auf eine dramatische Schwere verzichtete, im »Segen von Frieden, Freude und Liebe« (s. S. 95).

wenn

alle

sinn

machen

machst

auch

du

sinn (s. S. 115)

Anmerkungen

[1] Robert Lax: Mit Robert Lax die Träume fangen. Hrsg. von Steve Theodore Georgiou, Freiburg i. Br. 2006, S. 120.

[2] Lax: Mit Robert Lax die Träume fangen, S. 70.

[3] Vgl. Robert Lax: Journal B / Tagebuch B, Zürich 1988, S. 15.

[4] When Prophecy Still Had a Voice. The Letters of Thomas Merton and Robert Lax. Hrsg. von Arthur W. Biddle, Lexington 2001.

[5] Lax: Mit Robert Lax die Träume fangen, S. 44–45.

[6] Robert Lax: Circus Days & Nights. Hrsg. von Paul J. Spaeth, Woodstock (NY) 2000, S. 55 (Übertragung ins Deutsche von Peter Wild).

[7] Lax: Mit Robert Lax die Träume fangen, S. 55.

[8] Robert Lax: Journal C / Tagebuch C. Hrsg. von David Miller, Zürich 1990, S. 61–63.

[9] Lax: Mit Robert Lax die Träume fangen, S. 139.

[10] Robert Lax. Katalog zur Ausstellung *Three Islands*. Hrsg. vom Museum Tinguely, Basel, Wabern 2004, S. 171.

[11] James Harford: Merton and Friends. A Joint Biography of Thomas Merton, Robert Lax and Edward Rice, New York/London 2006.

[12] Lax: Journal C / Tagebuch C, S. 87.

[13] Lax: Mit Robert Lax die Träume fangen, S. 120.

[14] Lax: Mit Robert Lax die Träume fangen, S. 76.

[15] Lax: Journal C / Tagebuch C, S. 167.

[16] Robert Lax: 21 pages / 21 Seiten, Zürich 1984, S. 79.

[17] Lax: Mit Robert Lax die Träume fangen, S. 48.

[18] Jack Kelly: Robert Lax – Coming Home. In: Robert Lax. Ausstellungskatalog Tinguely, S. 149.

[19] Lax: Mit Robert Lax die Träume fangen, S. 58.

[20] Beispiele finden sich in: Sigrid Hauff: Eine Linie in drei Kreisen. Die innere Biographie des Robert Lax, München 1999: the light – the shade (S. 43), ONE ISLAND (S. 112).

[21] Lax: Mit Robert Lax die Träume fangen, S. 42.

[22] Lax: Mit Robert Lax die Träume fangen, S. 47–48.

[23] Vgl. Robert Lax: Love Had a Compass. Journals and Poetry. Hrsg. von James J. Uebbing, New York (NY) 1966, S. 119ff.

[24] Johannesevangelium 11,1–44

[25] Lukasevangelium 16,19–31

[26] Vgl. Markusevangelium 15,40.47; 16,1–11; Matthäusevangelium 27,55–56; 28,1–10; Johannesevangelium 19,25; 20,1–18

[27] Lax: Mit Robert Lax die Träume fangen, S. 52.

[28] Lax: Mit Robert Lax die Träume fangen, S. 49.

[29] Lax: Mit Robert Lax die Träume fangen, S. 138.

[30] Laurence Kushner: Jüdische Spiritualität, München (o. J.), S. 67.

[31] Kushner: Jüdische Spiritualität, S. 68.

[32] Das Zitat stammt aus dem Werk *Orot HaTeschuwa*, zitiert in: Kushner: Jüdische Spiritualität, S. 69.

[33] Thomas Merton: Run to the Mountain. The Story of a Vocation (1939–1941), San Francisco 1995, S. 72. In: Harford: Merton and Friends, S. 31, Übersetzung: Peter Wild.

Quellenangaben

Robert Lax: Circus Days and Nights. Hrsg. von Paul J. Spaeth. The Overlook Press, Woodstock (NY) 2000

> Sometimes we go on a search
>
> In the beginning
>
> We have seen all the days of creation in one day
>
> Penelope and Mogador

Robert Lax: Love Had a Compass. Journals and Poetry. Hrsg. von James J. Uebbing. Grove Press, New York (NY) 1996

> remembering the city
>
> the philosophy of lending

Robert Lax: A Thing That Is. Hrsg. von Paul J. Spaeth. The Overlook Press, Woodstock (NY) 1997

> There is no poem, no painting
>
> to eradicate the line
>
> which is better
>
> (life) is not holy
>
> Byzantine Faces

Robert Lax. Katalog zur Ausstellung *Three Islands* im Museum Tinguely, Basel. Benteli, Wabern 2004

> the end of the line
>
> advice
>
> wait

Die für dieses Buch vorgenommenen Übersetzungen ins Deutsche stammen von Peter Wild.

Abdruck der Gedichte in der Originalfassung mit freundlicher Genehmigung von Marcia Kelly.

An dieser Stelle sei all jenen herzlich gedankt, die bereit waren, die Übersetzungen auf die Genauigkeit und den Lax-Klang hin zu überprüfen, namentlich: Erika Bucher-Dreher, Göpf Hasenfratz, Esther Hossli-Lussy, Rolf Schwander, Margrit Tanner und Regula Wild.

Bibliografie

Harford, James:
Merton and Friends. A Joint Biography of Thomas Merton, Robert Lax and Edward Rice. Continuum, New York/London 2006

Hauff, Sigrid:
Eine Linie in drei Kreisen. Die innere Biographie des Robert Lax. Belleville, München 1999

Lax, Robert:
A Thing That Is. Hrsg. von Paul J. Spaeth. The Overlook Press, Woodstock (NY) 1997

Lax, Robert:
Circus Days and Nights. Hrsg. von Paul J. Spaeth. The Overlook Press, Woodstock (NY) 2000

Lax, Robert:
Circus of the Sun. Journeyman Press, New York (NY) 1959

Lax, Robert:
Color Poems. Journeyman Press, New York (NY) 1976

Lax, Robert:
Love Had a Compass. Journals and Poetry. Hrsg. von James J. Uebbing. Grove Press, New York (NY) 1996

Lax, Robert:
Mit Robert Lax die Träume fangen. Hrsg. von Steve Theodore Georgiou. Herder, Freiburg i. Br. 2006

Lax, Robert:
New Poems, Journeyman Press, New York (NY) 1962

Lax, Robert:
peacemaker's handbook / handbuch für friedensstifter. Hrsg. von
Michael Daugherty. Pendo, Zürich 2001

Lax, Robert:
Poesie der Entschleunigung. Ein Lesebuch. Hrsg. von Sigrid Hauff.
Pendo, München/Zürich 2008

Lax, Robert:
21 Pages/21 Seiten. Pendo, Zürich 1984

Robert Lax. Katalog zur Ausstellung *Three Islands* im Museum
Tinguely, Basel. Hrsg. vom Museum Tinguely, Basel. Benteli, Wabern
2004

When Prophecy Still Had a Voice. The Letters of Thomas Merton and
Robert Lax. Hrsg. von Arthur W. Biddle. University Press of Kentucky,
Lexington (KY) 2001